VOCA 탄탄

1

입문

Happy House

이 책의 구성과 특징

Lessons 1~30

- 각 레슨별로 15개의 단어를 학습합니다. 단어당 2개의 예문을 통해 단어의 의미와 용법을 보다 정확히 파악하고 빈칸에 직접 단어를 채워 써보며 익힙니다.
- MP3 파일을 다운로드 받거나 QR코드를 통해 각 단어와 예문을 원어민 음성으로 듣고 정확한 발음을 익힐 수 있습니다.
- 해당 레슨에서 배운 단어들을 Check Up에서 간단히 점검합니다.

Workbook

해당 레슨에서 배운 단어들의 우리말을 떠올려 써봅니다.
그런 다음, 그 단어들을 반복하여 써보며 철자를 확실히 익히고 정리합니다.

Tests

총 3단계의 테스트(**Daily Test → Review → 누적 테스트**)를 통한 체계적인 반복 학습으로 단어를 더욱 잘 기억할 수 있습니다.

Daily Test (온라인 제공): 각 레슨을 학습한 뒤, 각 단어의 예문을 활용한 Daily Test를 통해 15개의 단어 공부를 마칩니다.

☆ 무료 다운로드 www.ihappyhouse.co.kr

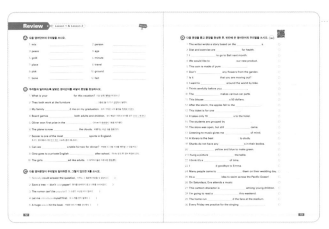

Review: 2개의 레슨마다 제공되는 Review를 통해 30개의 단어를 다양한 유형의 문제로 확인학습 합니다.

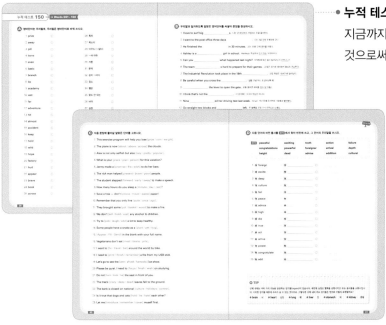

누적 테스트: 10개의 레슨마다 제공되는 누적 테스트는 지금까지 배운 단어 150개, 300개, 450개를 총정리하는 것으로써 전체 학습을 마무리할 수 있습니다.

품사 및 발음 기호

📋 8품사를 알아봅시다!

1 명사 (Noun)

사람, 사물, 동물의 이름을 나타내는 말입니다. 이름을 가지고 있으면 모두 명사입니다.

e.g. I like **monkeys**.

2 대명사 (Pronoun)

명사를 대신해서 쓰는 말입니다. 한 문장에서 같은 단어의 반복을 피하기 위해서 사용됩니다.

e.g. Look at the man. **He** is my dad.

3 동사 (Verb)

사람이나 사물의 동작, 상태를 나타내는 말입니다.

e.g. I **play** soccer every day.

4 형용사 (Adjective)

사람이나 사물의 모양, 색깔, 성질, 상태, 수량 등을 나타내는 말입니다. 형용사는 명사나 대명사를 구체적으로 설명해 주는 역할을 합니다.

e.g. The dog is **cute**.

5 부사 (Adverb)

동사, 형용사, 다른 부사, 문장 전체 등을 더 자세하게 설명해주거나 꾸며주는 역할을 하며 시간, 장소, 이유, 방법 등을 나타냅니다.

e.g. Lindsay sings **beautifully**.

6 전치사 (Preposition)

명사나 대명사 앞에 위치하여 명사와의 관계를 표현하는 말입니다. 전치사 다음에는 명사, 대명사, 동명사가 옵니다.

e.g. There is a pencil **on** the desk.

7 접속사 (Conjunction)

단어와 단어, 구와 구, 절과 절을 이어주는 말입니다.

e.g. I want a hamburger **and** coke.

8 감탄사 (Exclamation)

사람의 감정인 기쁨, 슬픔, 놀람, 분노 등을 표현하는 말입니다.

e.g. **Wow**! You look great today.

📓 고유명사란 무엇일까요?

명사의 종류 중 하나로 사람, 나라, 언어, 요일, 달(月), 상표, 책, 영화 이름 등을 고유명사라고 합니다.
고유명사는 첫 글자를 대문자로 씁니다.

국가(대륙) / 인종		달		요일	
Korea / Korean	한국/한국인	January	1월	Monday	월요일
China / Chinese	중국/중국인	February	2월	Tuesday	화요일
Japan / Japanese	일본/일본인	March	3월	Wednesday	수요일
Italia / Italian	이탈리아/이탈리아인	April	4월	Thursday	목요일
France / French	프랑스/프랑스인	May	5월	Friday	금요일
England / English	영국/영국인	June	6월	Saturday	토요일
America / American	미국/미국인	July	7월	Sunday	일요일
Asia / Asian	아시아/아시아인	August	8월		
Europe / European	유럽/유럽인	September	9월		
Africa / African	아프리카/아프리카인	October	10월		
		November	11월		
		December	12월		

📓 발음 기호를 알아봅시다!

(모음)

발음 기호	[ɑ, a]	[e]	[i]	[u]	[ə]	[ʌ]	[ɔ]	[æ]	[ɛ]	[o]
소리	ㅏ	ㅔ	ㅣ	ㅜ	ㅓ	ㅓ	ㅗ	ㅐ	ㅔ	ㅗ

(자음)

발음 기호	[b]	[d]	[g]	[l]	[m]	[n]	[r]	[v]	[z]
소리	ㅂ	ㄷ	ㄱ	ㄹ	ㅁ	ㄴ	ㄹ	ㅂ	ㅈ
발음 기호	[dʒ]	[ʒ]	[tz]	[ð]	[ŋ]	[w]	[j]		
소리	주	ㅈ	ㅉ	ㄸ	ㅇ	ㅜ	ㅣ		
발음 기호	[f]	[k]	[p]	[s]	[t]	[ʃ]	[tʃ]	[θ]	[h]
소리	ㅍ	ㅋ	ㅍ	ㅅ	ㅌ	쉬	취	ㅆ	ㅎ

CONTENTS

001 **gold**
[gould]

® 금

• This coin is made of pure **gold**. 이 동전은 순금으로 만들어졌다.
• I'll do my best to win the _____ medal. 나는 금메달을 따기 위해 최선을 다할 것이다.

002 **cost**
[kɔ(:)st]
cost-cost-cost

⑧ 값이 ~이다, 비용이 ~들다

• This blouse **costs** 50 dollars. 이 블라우스는 50달러이다.
• How much does this camera _____? 이 카메라는 얼마인가요?

003 **minute**
[mínit]

® (시간 단위의) 분

• It takes only 10 **minutes** to the hotel. 호텔에 도착하기까지 10분이 걸린다.
• Can you help me for five _____s? 5분만 나를 도와줄 수 있을까?

004 **pick**
[pik]

⑧ 고르다/선택하다, (꽃·과일 등을) 꺾다/따다

• The teacher **picked** the top student of the year. 그 교사는 올해 최고의 학생을 선정했다.
• Don't _____ any flowers from the garden. 정원에 있는 꽃을 꺾지 마세요.

005 **age**
[eidʒ]

® 나이

• We are the same **age**. 우리는 같은 나이이다.
• The students are grouped by _____. 학생들은 나이에 따라 그룹으로 나눠졌다.

006 **bone**
[boun]

® 뼈

• Sharks do not have any **bones** in their bodies. 상어의 몸에는 뼈가 없다.
• The boy threw the dog a _____. 남자아이는 개에게 뼈다귀를 던져 주었다.

007 **contest**
[kántest]

® 대회, 콘테스트

• Every Friday we practice for the singing **contest**.
우리는 노래 대회를 대비하여 금요일마다 연습을 한다.
• Olivia won first prize in the _____. Olivia가 대회에서 1등을 차지했다.

008 **above**
[əbʌ́v]

® ~보다 위에, ~보다 높이

• The plane is now **above** the clouds. 비행기는 지금 구름 위에 있다.
• I hung a picture _____ the table. 나는 탁자 위쪽에 그림을 걸었다.

009 **fact**
[fækt]

® 사실

• The writer wrote a story based on the **facts**. 작가는 사실을 바탕으로 그 이야기를 썼다.
• The TV drama mixes _____ and fiction. 그 TV 드라마는 사실과 허구가 섞여 있다.

010 **travel**
[trǽvəl]

® 여행 ⑧ 여행하다, 이동하다

• I want to **travel** around the world by bike. 나는 자전거로 세계 일주를 하고 싶다.
• The fastest way to _____ is by airplane. 비행기는 가장 빠른 이동 수단이다.

011 **important** 형 중요한, 중대한
[impɔ́ːrtənt]
- Diet and exercise are **important** for health. 식단과 운동은 건강에 중요하다.
- Chris made an _____ decision. Chris는 중대한 결정을 내렸다.

012 **peace** 명 평화   peaceful 형 평화로운
[piːs]
- Listening to music gives me **peace** of mind. 음악을 들으면 평안한 마음이 든다.
- People want to live in _____. 사람들은 평화롭게 살기를 원한다.

013 **excite** 동 신나게 하다, 흥분시키다   exciting 형 흥미진진한   excited 형 신이 난, 들뜬
[iksáit]
- Board games **excite** both adults and children. 보드게임은 어른과 아이들 모두 신이 나게 한다.
- The home run _____d the fans at the stadium.
  그 홈런은 경기장에 있는 팬들을 흥분시켰다.

014 **waste** 동 낭비하다   명 낭비, 쓰레기
[weist]
- Save a tree — don't **waste** paper! 종이를 낭비하지 말고 나무를 아끼세요!
- I think it's a _____ of time. 나는 그것이 시간 낭비라고 생각해.

015 **nobody** 대 아무도 (~않다)
[nóubàdi]
- **Nobody** could answer the question. 아무도 그 질문에 대답할 수 없었다.
- The store was open, but still _____ came.
  그 가게는 문을 열었지만, 아직 아무도 오지 않았다.

Check Up

정답 p.112

A 다음 영어단어를 듣고 해당 번호를 쓰시오. 그 다음, 빈칸에 우리말을 쓰시오. 🎧03

waste ☐	bone ☐	important ☐	travel ☐
_____	_____	_____	_____
peace ☐	age ☐	contest ☐	fact ☐
_____	_____	_____	_____

B 다음 우리말에 해당하는 영어단어를 쓰시오.

1 아무도 (~않다) _____   2 금 _____

3 신나게 하다 _____   4 고르다 _____

5 값이 ~이다 _____   6 ~보다 위에 _____

7 (시간 단위의) 분 _____

04

---

016 **plan**
[plæn]

(명) 계획 (동) 계획하다

- What is your **plan** for this vacation? 이번 방학 계획은 무엇이니?
- I [＿＿＿＿＿] to go to Bali next month. 나는 다음달에 발리에 갈 계획이야.

---

017 **true**
[tru:]

(형) 진실의, 사실의   truth (명) 진실, 사실

- Is it **true** that you are moving out? 너 이사 간다는 게 사실이야?
- The rumor can't be [＿＿＿＿＿]! 그 소문은 사실일 리가 없어!

---

018 **introduce**
[ìntrədjúːs]

(동) 소개하다

- Let me **introduce** myself first. 제 소개를 먼저 할게요.
- We would like to [＿＿＿＿＿] our new product. 저희 신제품을 소개하려 합니다.

---

019 **person**
[pə́ːrsən]

(명) 사람

- This ticket is for one **person**. 이 티켓은 1인용입니다.
- Do you know who that [＿＿＿＿＿] is? 저 사람이 누구인지 아니?

---

020 **place**
[pleis]

(명) 장소, 곳

- Tell me about your favorite **place** in the city. 이 도시에서 가장 좋아하는 곳에 대해 이야기해봐.
- A library is the best [＿＿＿＿＿] to study. 도서관은 공부하기에 가장 좋은 장소이다.

---

021 **wave**
[weiv]

(명) 파도 (동) (손을) 흔들다

- A huge **wave** hit the boat. 거대한 파도가 배를 강타했다.
- I [＿＿＿＿＿]d goodbye to Emma. 나는 Emma에게 손을 흔들어 작별 인사를 했다.

---

022 **act**
[ækt]

(동) 행동하다   action (명) 행동

- The girls **acted** like adults. 그 여자아이들은 어른처럼 행동했다.
- Think carefully before you [＿＿＿＿＿]. 행동하기 전에 신중하게 생각하세요.

---

023 **crazy**
[kréizi]

(형) 말도 안 되는, 제 정신이 아닌

- It's a **crazy** idea to swim across the Pacific Ocean!
  수영해서 태평양을 건너는 것은 말도 안 되는 생각이야!
- Jake is acting [＿＿＿＿＿] lately. Jake는 요새 제 정신이 아닌 것처럼 행동한다.

---

024 **ground**
[graund]

(명) 땅, 지면

- The dog buried the bones under the **ground**. 그 개는 뼈다귀를 땅에 묻었다.
- After the storm, the apples fell to the [＿＿＿＿＿]. 폭우가 온 후 사과들이 땅에 떨어졌다.

---

025 **factory**
[fǽktəri]

(명) 공장

- They both work at the furniture **factory**. 그들은 둘 다 가구 공장에서 일한다.
- The [＿＿＿＿＿] makes various car parts. 그 공장은 다양한 자동차 부품을 생산한다.

026 mix
[miks]

⟨동⟩ 섞다, 혼합하다

• **Mix** yellow and blue to make green. 노란색과 파란색을 섞어서 초록색을 만드세요.
• Can you ⬚⬚⬚ the butter and milk together? 버터와 우유를 함께 섞어 줄래?

027 popular
[pápjələr]

⟨형⟩ 인기 있는

• Soccer is one of the most **popular** sports in England.
축구는 영국에서 가장 인기 있는 스포츠 중의 하나이다.
• This cartoon character is ⬚⬚⬚ among young children.
이 만화 캐릭터는 어린아이들 사이에서 인기가 있다.

028 congratulate
[kəngrǽtʃəlèit]

⟨동⟩ 축하해 주다, 기뻐해 주다   congratulations ⟨명⟩ 축하 (인사)

• Many people came to **congratulate** them on their wedding day.
많은 사람들이 그들의 결혼식을 축하해 주러 왔다.
• My family ⬚⬚⬚d me on my graduation. 우리 가족은 나의 졸업을 축하해 주었다.

029 academy
[əkǽdəmi]

⟨명⟩ 학원, 전문학교

• On Saturdays, Eva attends a music **academy**. 토요일마다 Eva는 음악 학원에 간다.
• Gina goes to a private English ⬚⬚⬚ after school.
지나는 방과 후 영어 학원에 간다.

030 book
[buk]

⟨명⟩ 책   ⟨동⟩ 예약하다

• I'm going to read a **book** this weekend. 나는 이번 주말에 책을 한 권 읽을 거야.
• Can we ⬚⬚⬚ a table for two for dinner? 저녁에 두 사람 자리를 예약할 수 있을까요?

Check Up

정답 p.112

A 다음 영어단어를 듣고 해당 번호를 쓰시오. 그 다음, 빈칸에 우리말을 쓰시오. 🎧05

crazy ⬚	introduce ⬚	person ⬚	congratulate ⬚
_____	_____	_____	_____
ground ⬚	academy ⬚	place ⬚	act ⬚
_____	_____	_____	_____

B 다음 우리말에 해당하는 영어단어를 쓰시오.

1 예약하다 _____   2 파도 _____

3 계획 _____   4 공장 _____

5 섞다 _____   6 인기 있는 _____

7 진실의 _____

Review

Lesson 1 & Lesson 2

정답 p.112

A 다음 영어단어의 우리말을 쓰시오.

1 mix	_____	2 person	_____
3 peace	_____	4 age	_____
5 gold	_____	6 minute	_____
7 place	_____	8 travel	_____
9 pick	_____	10 ground	_____
11 bone	_____	12 fact	_____

B 우리말과 일치하도록 알맞은 영어단어를 써넣어 문장을 완성하시오.

1 What is your _____ for this vacation? 이번 방학 계획은 무엇이니?

2 They both work at the furniture _____. 그들은 둘 다 가구 공장에서 일한다.

3 My family _____d me on my graduation. 우리 가족은 나의 졸업을 축하해 주었다.

4 Board games _____ both adults and children. 보드게임은 어른과 아이들 모두 신이 나게 한다.

5 Oliver won first prize in the _____. Oliver가 대회에서 1등을 차지했다.

6 The plane is now _____ the clouds. 비행기는 지금 구름 위에 있다.

7 Soccer is one of the most _____ sports in England.
축구는 영국에서 가장 인기 있는 스포츠 중의 하나이다.

8 Can we _____ a table for two for dinner? 저녁에 두 사람 자리를 예약할 수 있을까요?

9 Gina goes to a private English _____ after school. 지나는 방과 후 영어 학원에 간다.

10 The girls _____ed like adults. 그 여자아이들은 어른처럼 행동했다.

C 다음 영어문장이 우리말과 일치하면 O, 그렇지 않으면 X를 쓰시오.

1 Nobody could answer the question. 아무도 그 질문에 대답할 수 없었다. (   )

2 Save a tree — don't cost paper! 종이를 낭비하지 말고 나무를 아끼세요! (   )

3 The rumor can't be popular! 그 소문은 사실일 리가 없어! (   )

4 Let me introduce myself first. 제 소개를 먼저 할게요. (   )

5 A huge wave hit the boat. 거대한 파도가 배를 강타했다. (   )

D 다음 문장을 듣고 문장을 완성한 후, 빈칸에 쓴 영어단어의 우리말을 쓰시오. 🎧06

1 The writer wrote a story based on the _____s.   ➔ ....

2 Diet and exercise are _____ for health.   ➔ ....

3 I _____ to go to Bali next month.   ➔ ....

4 We would like to _____ our new product.   ➔ ....

5 This coin is made of pure _____.   ➔ ....

6 Don't _____ any flowers from the garden.   ➔ ....

7 Is it _____ that you are moving out?   ➔ ....

8 I want to _____ around the world by bike.   ➔ ....

9 Think carefully before you _____.   ➔ ....

10 The _____ makes various car parts.   ➔ ....

11 This blouse _____s 50 dollars.   ➔ ....

12 After the storm, the apples fell to the _____.   ➔ ....

13 This ticket is for one _____.   ➔ ....

14 It takes only 10 _____s to the hotel.   ➔ ....

15 The students are grouped by _____.   ➔ ....

16 The store was open, but still _____ came.   ➔ ....

17 Listening to music gives me _____ of mind.   ➔ ....

18 A library is the best _____ to study.   ➔ ....

19 Sharks do not have any _____s in their bodies.   ➔ ....

20 _____ yellow and blue to make green.   ➔ ....

21 I hung a picture _____ the table.   ➔ ....

22 I think it's a _____ of time.   ➔ ....

23 I _____d goodbye to Emma.   ➔ ....

24 Many people came to _____ them on their wedding day.   ➔ ....

25 It's a _____ idea to swim across the Pacific Ocean!   ➔ ....

26 On Saturdays, Eva attends a music _____.   ➔ ....

27 This cartoon character is _____ among young children.   ➔ ....

28 I'm going to read a _____ this weekend.   ➔ ....

29 The home run _____d the fans at the stadium.   ➔ ....

30 Every Friday we practice for the singing _____.   ➔ ....

031	**about** [əbáut]	(전) ~에 대한, ~에 관하여

- This book is **about** travel. 이 책은 여행에 관한 것이다.
- A mother is always worried ▨▨▨▨ her children. 어머니는 항상 자식을 걱정한다.

032	**pet** [pet]	(명) 반려동물

- I want a small pet like a hamster. 나는 햄스터처럼 작은 반려동물을 원한다.
- Some people have a snake as a ▨▨▨▨. 반려동물로 뱀을 기우는 사람들도 있다.

033	**cross** [krɔ(:)s]	(동) 건너다

- Don't **cross** the street on a red light. 빨간 불일 때에는 길을 건너지 마세요.
- ▨▨▨▨ the bridge and go straight. 다리를 건너서 직진하세요.

034	**hate** [heit]	(동) 매우 싫어하다, 혐오하다

- Is it true that dogs and cats **hate** each other? 개와 고양이가 서로를 싫어한다는 게 사실이니?
- My friend really ▨▨▨▨s horror movies. 내 친구는 공포 영화를 정말로 싫어한다.

035	**please** [pliːz]	(동) 기쁘게 하다

- Mark bought some flowers to **please** his mom. Mark는 엄마를 기쁘게 하려고 꽃을 샀다.
- The surprising presents ▨▨▨▨d everybody at the party.
깜짝 선물은 파티에 온 모든 사람들을 기쁘게 했다.

036	**wild** [waild]	(형) 야생의, 사람의 손이 닿지 않은

- **Wild** animals, like bears, sleep during the winter. 곰 같은 야생 동물은 겨울 동안 잠을 잔다.
- How can we protect ▨▨▨▨ animals? 우리가 어떻게 야생 동물을 보호할 수 있을까?

037	**accident** [ǽksidənt]	(명) 사고, 사건

- April is in the hospital after the car **accident**. April은 자동차 사고로 입원해 있다.
- I read about the ▨▨▨▨ in the newspaper. 나는 신문에서 그 사건에 대해 읽었다.

038	**both** [bouθ]	(형) (대) 둘 다(의), 양쪽(의)

- **Both** my parents work at the school. 부모님 두 분 다 그 학교에서 근무하신다.
- Hold the ball in ▨▨▨▨ hands. 양 손으로 공을 잡아.

039	**condition** [kəndíʃən]	(명) 상태, 컨디션

- This hotel room is in perfect **condition**. 이 호텔 방의 상태는 매우 좋다.
- The patient's ▨▨▨▨ is getting better. 환자의 상태가 점점 좋아지고 있다.

040	**fail** [feil]	(동) 실패하다/(원하는 대로) ~하지 못하다, 시험에서 떨어지다 failure (명) 실패

- Our travel plans **failed** because of money. 돈 때문에 우리 여행 계획이 무산되었다.
- Many students ▨▨▨▨ed the English test. 많은 학생들이 영어시험을 통과하지 못했다.

041 try
[trai]

(동) 노력하다/애를 쓰다, 시도하다

- I **tried** hard but failed. 나는 열심히 노력했지만 실패했다.
- Why don't you ⬚⬚⬚⬚ a new way? 새로운 방법을 시도해 보는 게 어때?

---

042 point
[pɔint]

(명) 요점/핵심, (바늘 등의) 뾰족한 끝

- What's the **point** of this lecture? 이 강의의 요점은 무엇인가요?
- Be careful! The ⬚⬚⬚⬚ of the knife is very sharp. 조심해! 칼 끝이 매우 날카로워.

---

043 practice
[prǽktis]

(동) 연습하다 (명) 연습

- The children **practice** writing the alphabet every day.
  그 아이들은 매일 알파벳 쓰는 것을 연습한다.
- ⬚⬚⬚⬚ makes perfect. 연습만이 완벽해지게 만든다.

---

044 keep
[kiːp]
keep-kept-kept

(동) (어떠한 상태를) 유지하다, (어떠한 동작을) 계속하다/반복하다

- There are many ways to **keep** healthy. 건강을 유지하는 방법은 여러 가지가 있다.
- Don't give up; ⬚⬚⬚⬚ trying. 포기하지 말고 계속 노력해.

---

045 evil
[íːvəl]

(형) 사악한, 나쁜 (명) 악

- The country is ruled by an **evil** queen. 그 나라는 사악한 여왕이 지배한다.
- The children did not know the difference between good and ⬚⬚⬚⬚.
  그 아이들은 선악의 차이를 알지 못했다.

Check Up

정답 p.112

A 다음 영어단어를 듣고 해당 번호를 쓰시오. 그 다음, 빈칸에 우리말을 쓰시오. 🎧08

accident	☐	hate	☐	both	☐	cross	☐
___		___		___		___	

pet	☐	about	☐	condition	☐	please	☐
___		___		___		___	

B 다음 우리말에 해당하는 영어단어를 쓰시오.

1 (어떠한 상태를) 유지하다 _____   2 연습하다 _____

3 야생의 _____   4 실패하다 _____

5 사악한 _____   6 요점 _____

7 노력하다 _____

046 **ago**
[əgóu]

(부) (얼마의 시간) 전에

- I saw Ms. Smith a month **ago**. 나는 한 달 전에 Smith 씨를 봤다.
- Sarah called you just a few minutes _____. Sarah가 몇 분 전에 너에게 전화를 했어.

047 **curtain**
[kə́:rtən]

(명) 커튼

- It's too dark. Open the **curtains**. 너무 어두워. 커튼을 열자.
- It's time to sleep, so close the _____s. 잘 잘 시간이니 커튼을 치자.

048 **heart**
[hɑːrt]

(명) 심장, 마음

- I have **heart** disease. 나는 심장병을 앓고 있다.
- The boy has a good and brave _____. 그 남자아이는 착하고 용감한 마음을 가졌다.

049 **poor**
[puər]

(형) 가난한, 불쌍한, 질이나 상태가 좋지 않은

- The rich man helped **poor** people. 그 부유한 남자는 가난한 사람들을 도왔다.
- Aunt Mary is in _____ health. Mary 숙모는 건강이 좋지 않다.

050 **plant**
[plænt]

(명) 식물

- My garden has lots of beautiful **plants**. 내 정원에는 아름다운 식물들이 많다.
- Your _____s need water daily. 네 식물들은 물을 매일 줘야 한다.

051 **adult**
[ədʌ́lt]

(명) 성인, 어른

- Kids learn faster than **adults**. 아이들은 성인보다 빨리 배운다.
- This movie is only for _____s. 이 영화는 성인용이다.

052 **bottom**
[bátəm]

(명) 바닥, 아래쪽

- Yesterday, I cleaned the house from top to **bottom**. 어제 나는 집을 구석구석 청소했다.
- You can find our address at the _____ of the page.
  페이지 아래쪽에서 저희의 주소를 찾으실 수 있습니다.

053 **control**
[kəntróul]

(동) 통제하다, 관리하다   (명) 통제(력), 지배

- The machine is **controlled** by a computer. 그 기계는 컴퓨터로 작동된다.
- It is important to learn self-_____. 스스로를 통제하는 법을 배우는 것은 중요하다.

054 **fantastic**
[fæntǽstik]

(형) 환상적인, 매우 멋진

- Let's go to see the **fantastic** ice show. 환상적인 아이스 쇼를 보러 가자.
- I had a _____ time at Disneyland. 디즈니랜드에서 매우 멋진 시간을 보냈다.

055 **kick**
[kik]

(동) (발로) 차다

- Do not **kick** the seat in front of you. 앞에 있는 좌석을 발로 차지 마세요.
- The soccer player _____ed the ball hard. 그 축구 선수는 공을 세게 찼다.

056 present
[prézənt]

(명) 선물   (형) 현재의, 지금의

- What do you want for your birthday **present**? 생일 선물로 무엇을 받고 싶니?
- The restaurant is closed at the   time. 그 식당은 현재 닫혀 있다.

---

057 turn
[tə:rn]

(동) 돌리다, 움직이는 방향을 바꾸다, ~한 상태가 되다   turn on 작동시키다

- Go straight and **turn** right. 곧장 가서 오른쪽으로 도세요.
- Can I   on the heater? 히터를 틀어도 될까요?

---

058 especially
[ispéʃəli]

(부) 특히, 특별히

- Brushing your teeth is important **especially** before bed.
  특히 잠자기 전에 이를 닦는 것은 중요하다.
- I have a gift   for you, Sam. Sam, 특별히 너를 위해 선물을 준비했어.

---

059 even
[í:vən]

(부) ~조차(도), (비교급을 강조하여) 훨씬

- I don't **even** know his name. 나는 그의 이름조차도 몰라.
- I feel   worse than I look. 나는 보이는 것보다 훨씬 몸이 안 좋아.

---

060 appear
[əpíər]

(동) 나타나다, 눈에 보이다

- A boy suddenly **appeared** from behind me. 내 뒤에서 갑자기 남자아이 한 명이 나타났다.
- Your name does not   on the scholarship list.
  장학생 명단에 네 이름은 보이지 않아.

Check Up

정답 p.113

A 다음 영어단어를 듣고 해당 번호를 쓰시오. 그 다음, 빈칸에 우리말을 쓰시오. 🎧10

especially ☐	present ☐	heart ☐	bottom ☐
_____	_____	_____	_____

plant ☐	control ☐	curtain ☐	fantastic ☐
_____	_____	_____	_____

B 다음 우리말에 해당하는 영어단어를 쓰시오.

1 나타나다 _____   2 (발로) 차다 _____

3 (얼마의 시간) 전에 _____   4 돌리다 _____

5 가난한 _____   6 성인 _____

7 ~조차(도) _____

Review ○─(Lesson 3 & Lesson 4)

정답 p.113

A 다음 영어단어의 우리말을 쓰시오.

1 hate _____ 2 curtain _____

3 adult _____ 4 point _____

5 try _____ 6 please _____

7 plant _____ 8 practice _____

9 kick _____ 10 cross _____

11 about _____ 12 evil _____

B 우리말과 일치하도록 알맞은 영어단어를 써넣어 문장을 완성하시오.

1 I saw Ms. Smith a month _____. 나는 한 달 전에 Smith 씨를 봤다.

2 I have _____ disease. 나는 심장병을 앓고 있다.

3 April is in the hospital after the car _____. April는 자동차 사고로 입원해 있다.

4 Go straight and _____ right. 곧장 가서 오른쪽으로 도세요.

5 This hotel room is in perfect _____. 이 호텔 방의 상태는 매우 좋다.

6 Our travel plans _____ed because of money. 돈 때문에 우리 여행 계획이 무산되었다.

7 What do you want for your birthday _____? 생일 선물로 무엇을 받고 싶니?

8 A boy suddenly _____ed from behind me. 내 뒤에서 갑자기 남자아이 한 명이 나타났다.

9 I have a gift _____ for you, Sam. Sam, 특별히 너를 위해 선물을 준비했어.

10 There are many ways to _____ healthy. 건강을 유지하는 방법은 여러 가지가 있다.

C 다음 영어문장이 우리말과 일치하면 O, 그렇지 않으면 X를 쓰시오.

1 The rich man helped fantastic people. 그 부유한 남자는 가난한 사람들을 도왔다. (   )

2 How can we protect wild animals? 우리가 어떻게 야생 동물을 보호할 수 있을까? (   )

3 Your pets need water daily. 네 식물들은 물을 매일 줘야 한다. (   )

4 You can find our address at the bottom of the page.
페이지 아래쪽에서 저희의 주소를 찾으실 수 있습니다. (   )

5 Both my parents work at the school. 부모님 두 분 다 그 학교에서 근무하신다. (   )

18

D 다음 문장을 듣고 문장을 완성한 후, 빈칸에 쓴 영어단어의 우리말을 쓰시오. 🎧11

1 I want a small _____ like a hamster. ➡ ....

2 The machine is _____ led by a computer. ➡ ....

3 Many students _____ ed the English test. ➡ ....

4 Your name does not _____ on the scholarship list. ➡ ....

5 Hold the ball in _____ hands. ➡ ....

6 Yesterday, I cleaned the house from top to _____. ➡ ....

7 The soccer player _____ ed the ball hard. ➡ ....

8 It's too dark. Open the _____ s. ➡ ....

9 The country is ruled by an _____ queen. ➡ ....

10 The restaurant is closed at the _____ time. ➡ ....

11 _____ animals, like bears, sleep during the winter. ➡ ....

12 Don't give up; _____ trying. ➡ ....

13 Can I _____ on the heater? ➡ ....

14 Let's go to see the _____ ice show. ➡ ....

15 Don't _____ the street on a red light. ➡ ....

16 The children _____ writing the alphabet every day. ➡ ....

17 Sarah called you just a few minutes _____. ➡ ....

18 Why don't you _____ a new way? ➡ ....

19 Brushing your teeth is important _____ before bed. ➡ ....

20 Is it true that dogs and cats _____ each other? ➡ ....

21 The boy has a good and brave _____. ➡ ....

22 What's the _____ of this lecture? ➡ ....

23 The patient's _____ is getting better. ➡ ....

24 Aunt Mary is in _____ health. ➡ ....

25 The surprising presents _____ d everybody at the party. ➡ ....

26 My garden has lots of beautiful _____ s. ➡ ....

27 I read about the _____ in the newspaper. ➡ ....

28 I feel _____ worse than I look. ➡ ....

29 Kids learn faster than _____ s. ➡ ....

30 This book is _____ travel. ➡ ....

12

---

061 **dark**
[dɑːrk]

형 어두운, 캄캄한   명 어둠

• I couldn't find my glasses in the **dark** room. 방이 어두워서 안경을 찾을 수 없었다.
• Come home before [   ]. 어둡기 전에 집에 와.

---

062 **power**
[páuər]

명 힘, 권력, (전자 기기의) 전원   powerful 형 강력한

• The chairman has the **power** to make decisions.
의장은 결정을 내릴 수 있는 권한을 가지고 있다.
• Push the [   ] button first. 우선 전원 버튼을 누르세요.

---

063 **high**
[hai]

형 높은   height 명 높이, 키

• I loved the living room with a **high** ceiling. 나는 천장이 높은 거실이 참 마음에 들었다.
• The painting was sold at a [   ] price. 그 그림은 비싼 가격으로 팔렸다.

---

064 **almost**
[ɔ́ːlmoust]

부 거의

• We visit our grandmother **almost** every week. 우리는 할머니 댁에 거의 매주 방문한다.
• I read [   ] ten novels last month. 나는 지난달에 거의 열 권의 소설을 읽었다.

---

065 **laugh**
[læf]

동 웃다

• Try to **laugh** a lot to keep healthy. 건강을 유지하려면 많이 웃으려고 노력하세요.
• Don't [   ]. This is a serious matter. 웃지 마. 이건 심각한 문제야.

---

066 **meat**
[miːt]

명 고기

• Vegetarians don't eat **meat**. 채식주의자들은 고기를 먹지 않는다.
• Do you want some [   ]? 고기를 좀 드시겠어요?

---

067 **add**
[æd]

동 추가하다, 덧붙이다   addition 명 추가

• Don't **add** too much salt. 소금을 너무 많이 넣지 마.
• I [   ]ed the bag to my wish list. 나는 그 가방을 내 위시리스트에 추가했다.

---

068 **last**
[læst]

형 마지막의, 가장 최근의/지난

• December 31 is the **last** day of the year. 12월 31일은 한 해의 마지막 날이다.
• [   ] night I stayed at my friend's house. 어젯밤에 나는 친구 집에 머물렀다.

---

069 **brain**
[brein]

명 뇌, 머리/지능

• An ostrich's eye is bigger than its **brain**. 타조의 눈은 뇌보다 크다.
• I'm so tired that my [   ] isn't working well. 너무 피곤해서 머리가 잘 안 돌아가.

---

070 **print**
[print]

동 인쇄하다, 프린트를 하다

• I need to **print** a file from my USB stick. USB에 있는 파일을 프린트해야 한다.
• [   ] the document in black and white. 그 문서를 흑백으로 인쇄하세요.

071 voice
[vɔis]

(명) 목소리

- It was so crowded that I couldn't hear your **voice**.
  너무 혼잡해서 네 목소리를 들을 수가 없었어.
- The actress's   was soft and sweet. 그 여배우의 목소리는 부드럽고 상냥했다.

---

072 copy
[kápi]

(명) 복사한 것, 사본   (동) 복사하다, 베끼다

- The teacher is printing **copies** of the test for her students.
  그 교사는 학생들이 볼 시험지 여러 부를 인쇄하고 있다.
- Don't   other students' homework. 다른 학생의 숙제를 베끼지 마.

---

073 pill
[pil]

(명) 알약

- Take this **pill** and get some rest. 이 약을 먹고 좀 쉬도록 해봐.
- My mom gave me a   , and it really worked!
  엄마가 약을 한 알 주셨는데, 정말 효과가 있었어!

---

074 far
[fɑːr]

(부) 멀리

- The bank is not **far** from here. 은행은 여기서 멀지 않아요.
- How   is the subway station from your house?
  너희 집에서 지하철 역까지 얼마나 머니?

---

075 bet
[bet]
bet-bet-bet

(동) (내기 등에) 돈을 걸다, ~이 틀림없다/~을 장담하다

- I **bet** 10 dollars on the final score of the game. 나는 그 경기 점수에 10달러를 걸었다.
- I   Mia will be late as usual! Mia는 평소처럼 늦을 게 뻔해!

Check Up

정답 p.113

A 다음 영어단어를 듣고 해당 번호를 쓰시오. 그 다음, 빈칸에 우리말을 쓰시오. 🎧13

laugh ☐	print ☐	pill ☐	copy ☐
_____	_____	_____	_____
dark ☐	voice ☐	almost ☐	meat ☐
_____	_____	_____	_____

B 다음 우리말에 해당하는 영어단어를 쓰시오.

1 높은   _____   2 마지막의   _____

3 (내기 등에) 돈을 걸다 _____   4 멀리   _____

5 추가하다   _____   6 뇌   _____

7 힘   _____

076	**day** [dei]	명 하루/날, 낮
		• How many hours do you sleep a **day**? 너는 하루에 몇 시간을 자니?
		• Bats usually sleep during the _____. 박쥐는 보통 낮에 잠을 잔다.

077	**pretty** [príti]	형 예쁜 부 상당히, 꽤
		• My sister is **pretty**. I want to be like her. 우리 언니는 예쁘다. 나도 언니처럼 되고 싶다.
		• The wind is _____ strong today. 오늘은 바람이 꽤 강하게 분다.

078	**hill** [hil]	명 언덕
		• We go to the church on the **hill** every Sunday. 우리는 일요일마다 언덕에 있는 교회에 간다.
		• Look at the snowy _____s over there. 저쪽에 눈 쌓인 언덕을 봐.

079	**pot** [pɑt]	명 냄비, 단지, 병
		• I need a big **pot** to make some soup. 수프를 만들기 위해 큰 냄비가 필요해.
		• Is there any more hot water in the _____? 냄비에 뜨거운 물이 좀 더 있나요?

080	**around** [əráund]	전 ~의 주위에 부 여기저기, 이곳저곳
		• The dog ran **around** the tree. 개는 나무 주위를 뛰어 다녔다.
		• The man looked _____ when he heard a strange sound. 그 남자는 이상한 소리를 듣고 여기저기 둘러보았다.

081	**branch** [bræntʃ]	명 나뭇가지, 지사/분점
		• Don't break a **branch** off a tree. 나무에서 나뭇가지를 꺾지 마세요.
		• The company has many _____es in Asia. 그 회사는 아시아에 많은 지사를 두고 있다.

082	**corner** [kɔ́ːrnər]	명 (건물·사물의) 모서리, 모퉁이, 코너
		• The restaurant on the **corner** is open at 11 a.m. 길모퉁이의 그 식당은 아침 11시에 문을 연다.
		• There is a bookshelf in the _____ of the room. 방 구석에 책꽂이가 있다.

083	**wedding** [wédiŋ]	명 결혼, 결혼식
		• Today is our fifth **wedding** anniversary. 오늘은 우리의 5번째 결혼 기념일이다.
		• The couple had a _____ on the beach. 그 부부는 해변에서 결혼식을 올렸다.

084	**lazy** [léizi]	형 게으른, 느긋한/여유로운
		• Alex is not only selfish but also **lazy**. Alex는 자기밖에 모를 뿐만 아니라 게으르다.
		• We spent a _____ day at the beach. 우리는 해변에서 여유로운 하루를 보냈다.

085	**across** [əkrɔ́ːs]	전 ~을 가로질러, ~의 맞은편에
		• We need to build a bridge **across** the river. 우리는 강을 가로지르는 다리를 지을 필요가 있다.
		• There is a music academy _____ the street. 길 건너편에 음악 학원이 하나 있다.

086	**file** [fail]	몡 정리해 둔 문서나 자료, (컴퓨터) 파일

- Is Mr. Brown's phone number in the **file**? 그 자료에 Brown 씨의 전화번호가 들어 있나요?
- The worker deleted the ▨▨▨▨▨▨▨ by mistake. 그 직원은 실수로 파일을 지웠다.

087	**prize** [praiz]	몡 상, 상금

- Albert Einstein received his Nobel **Prize** in 1922.
  알베르트 아인슈타인은 1922년에 노벨상을 수상하였다.
- The winner of the dance contest will get the ▨▨▨▨▨▨▨.
  댄스 경연 대회의 우승자는 상금을 받을 것이다.

088	**once** [wʌns]	뷔 한 번/1회, 이전에/한때

- Remember that you only live **once**. 인생은 한 번뿐이라는 것을 기억하세요.
- Dinosaurs ▨▨▨▨▨▨▨ lived on Earth. 지구에는 한때 공룡들이 살고 있었다.

089	**follow** [fálou]	동 (사람을) 뒤따라 가다, (길 등을) 따라가다

- The students **followed** their teacher into the classroom.
  학생들은 교사를 따라 교실로 들어갔다.
- ▨▨▨▨▨▨▨ the road and then turn right at the corner.
  그 길을 따라 가다가 모퉁이에서 오른쪽으로 도세요.

090	**hurt** [həːrt] hurt-hurt-hurt	동 아프다, 다치게 하다 형 다친

- Your voice is too loud, so it **hurts** my ears. 네 목소리가 너무 커서 내 귀를 아프게 해.
- Nobody was ▨▨▨▨▨▨▨ in the car accident. 차 사고에서 다친 사람은 아무도 없었다.

Check Up

정답 p.113

A 다음 영어단어를 듣고 해당 번호를 쓰시오. 그 다음, 빈칸에 우리말을 쓰시오. 15

hurt ☐	hill ☐	prize ☐	corner ☐

wedding ☐	follow ☐	lazy ☐	day ☐

B 다음 우리말에 해당하는 영어단어를 쓰시오.

1 한 번 _____	2 나뭇가지 _____
3 예쁜 _____	4 냄비 _____
5 ~을 가로질러 _____	6 ~의 주위에 _____
7 정리해 둔 문서나 자료 _____	

A 다음 영어단어의 우리말을 쓰시오.

1 dark _____   2 far _____

3 meat _____   4 laugh _____

5 high _____   6 voice _____

7 wedding _____   8 hill _____

9 prize _____   10 almost _____

11 last _____   12 pill _____

B 우리말과 일치하도록 알맞은 영어단어를 써넣어 문장을 완성하시오.

1 How many hours do you sleep a _____? 너는 하루에 몇 시간을 자니?

2 Remember that you only live _____. 인생은 한 번뿐이라는 것을 기억하세요.

3 There is a music academy _____ the street. 길 건너편에 음악 학원이 하나 있다.

4 I'm so tired that my _____ isn't working well. 너무 피곤해서 머리가 잘 안 돌아가.

5 Don't break a _____ off a tree. 나무에서 나뭇가지를 꺾지 마세요.

6 _____ the document in black and white. 그 문서를 흑백으로 인쇄하세요.

7 The chairman has the _____ to make decisions.
의장은 결정을 내릴 수 있는 권한을 가지고 있다.

8 Is there any more hot water in the _____? 냄비에 뜨거운 물이 좀 더 있나요?

9 Don't _____ too much salt. 소금을 너무 많이 넣지 마.

10 I _____ 10 dollars on the final score of the game. 나는 그 경기 점수에 10달러를 걸었다.

C 다음 영어문장이 우리말과 일치하면 **O**, 그렇지 않으면 **X**를 쓰시오.

1 The students followed their teacher into the classroom. 학생들은 선생님을 따라 교실로 들어갔다. (   )

2 The teacher is printing copies of the test for her students.
그 교사는 학생들이 볼 시험지 여러 부를 인쇄하고 있다. (   )

3 The dog ran around the tree. 개는 나무 주위를 뛰어 다녔다. (   )

4 There is a bookshelf in the corner of the room. 방 구석에 책꽂이가 있다. (   )

5 Alex is not only selfish but also pretty. Alex는 자기밖에 모를 뿐만 아니라 게으르다. (   )

D 다음 문장을 듣고 문장을 완성한 후, 빈칸에 쓴 영어단어의 우리말을 쓰시오. 🎧16

1 Your voice is too loud, so it _____s my ears. ➔ ....

2 We spent a _____ day at the beach. ➔ ....

3 I need a big _____ to make some soup. ➔ ....

4 December 31 is the _____ day of the year. ➔ ....

5 It was so crowded that I couldn't hear your _____. ➔ ....

6 Don't _____ other students' homework. ➔ ....

7 I need to _____ a file from my USB stick. ➔ ....

8 My mom gave me a _____, and it really worked! ➔ ....

9 The man looked _____ when he heard a strange sound. ➔ ....

10 The winner of the dance contest will get the _____. ➔ ....

11 Bats usually sleep during the _____. ➔ ....

12 The company has many _____es in Asia. ➔ ....

13 We need to build a bridge _____ the river. ➔ ....

14 The restaurant on the _____ is open at 11 a.m. ➔ ....

15 Dinosaurs _____ lived on Earth. ➔ ....

16 I _____ed the bag to my wish list. ➔ ....

17 We go to the church on the _____ every Sunday. ➔ ....

18 How _____ is the subway station from your house? ➔ ....

19 I _____ Mia will be late as usual! ➔ ....

20 My sister is _____. I want to be like her. ➔ ....

21 Today is our fifth _____ anniversary. ➔ ....

22 Vegetarians don't eat _____. ➔ ....

23 I couldn't find my glasses in the _____ room. ➔ ....

24 An ostrich's eye is bigger than its _____. ➔ ....

25 Try to _____ a lot to keep healthy. ➔ ....

26 Is Mr. Brown's phone number in the _____? ➔ ....

27 Push the _____ button first. ➔ ....

28 We visit our grandmother _____ every week. ➔ ....

29 I loved the living room with a _____ ceiling. ➔ ....

30 _____ the road and then turn right at the corner. ➔ ....

17

---

091 ring
[riŋ]
ring-rang-rung

(명) 반지 (동) 전화기 등이 울리다

- I'm wearing a **ring** on my thumb. 나는 엄지손가락에 반지를 끼고 있다.
- The phone is _____ing now. 지금 전화벨이 울리고 있다.

---

092 dead
[ded]

(형) 죽은, (식물이) 말라 죽은   die (동) 죽다 death (명) 죽음

- **Dead** men tell no tales. 죽은 자는 말이 없다.
- The tree's _____ leaves fell to the ground. 말라 죽은 나뭇잎들이 땅에 떨어졌다.

---

093 basket
[bǽskit]

(명) 바구니

- The **basket** is full of fruit. 그 바구니는 과일로 가득 차 있다.
- Put your clothes into the laundry _____. 네 옷들을 세탁물 바구니에 넣어.

---

094 hit
[hit]
hit-hit-hit

(동) (손·물건으로) 치다/때리다, 부딪치다

- Emily **hit** the nail with the hammer. Emily는 망치로 못을 박았다.
- The car almost _____ the dog. 그 차는 개를 거의 칠 뻔했다.

---

095 proud
[praud]

(형) 자랑스러운, 의기양양한

- I feel very **proud** about my new book. 나는 내가 새로 쓴 책이 정말 자랑스러워.
- Aaron was _____ of his success. Aaron는 자신의 성공을 자랑스러워했다.

---

096 adventure
[ədvéntʃər]

(명) 모험

- Most children like **adventure** stories. 대부분의 아이들은 모험 이야기를 좋아한다.
- Captain Weaver told us about his _____s on the sea.
  Weaver 선장은 우리에게 바다에서의 모험담을 들려주었다.

---

097 brave
[breiv]

(형) 용감한, 두려워하지 않는

- The **brave** woman caught the robber by herself. 그 용감한 여자는 혼자서 강도를 잡았다.
- The warriors were strong and _____. 그 전사들은 힘이 세고 용감했다.

---

098 cover
[kʌ́vər]

(동) 덮다, 감싸다 (명) 덮개/커버, (책의) 표지

- **Cover** your knees with a blanket. 담요로 무릎을 덮으세요.
- Don't judge a book by its _____. 표지만 보고 책을 판단하지 마세요.

---

099 fill
[fil]

(동) 채우다

- Ava **filled** the pot with hot water. Ava는 뜨거운 물로 냄비를 채웠다.
- _____ in the blank with your full name. 성과 이름을 써서 빈칸을 채우세요.

---

100 leaf
[li:f]
pl. leaves

(명) 잎, 나뭇잎

- Generally, **leaves** turn green in the summer. 일반적으로 나뭇잎은 여름에 초록색으로 변한다.
- I found a four-_____ clover on the grass. 나는 잔디밭에서 네 잎 클로버를 찾았다.

101 problem
[prábləm]

명 문제, 골칫거리
- Can you solve this **problem**? 이 문제를 해결할 수 있니?
- What's the _____ with your car? 네 차에 무슨 문제가 있는 거야?

102 weight
[weit]

명 무게, 체중
- This exercise program will help you lose **weight**.
  이 운동 프로그램은 네가 체중을 감량하도록 도와줄 거야.
- Amy's _____ is normal for her height. 키를 감안하면 Amy의 몸무게는 정상이다.

103 foreign
[fɔ́:rin]

형 외국의   foreigner 명 외국인
- Many **foreign** tourists visit Seoul every year. 많은 외국인 관광객들이 매년 서울을 방문한다.
- How many _____ languages can you speak? 너는 몇 가지 외국어를 말할 수 있니?

104 owe
[ou]

동 빚지다, 신세를 지다
- The man **owes** the bank two million dollars. 그 남자는 은행에 2백만 달러의 빚이 있다.
- How much do I _____ you for dinner? 저녁 밥값으로 내가 줘야 할 돈이 얼마니?

105 century
[séntʃəri]

명 세기, 100년
- Surfing probably began **centuries** ago in Hawaii.
  서핑은 아마도 수세기 전에 하와이에서 시작되었을 것이다.
- Andy Warhol is a famous twentieth-_____ artist.
  앤디 워홀은 유명한 20세기 화가이다.

Check Up

정답 p.114

A 다음 영어단어를 듣고 해당 번호를 쓰시오. 그 다음, 빈칸에 우리말을 쓰시오. 🎧18

adventure ☐   problem ☐   foreign ☐   cover ☐

_____   _____   _____   _____

owe ☐   dead ☐   weight ☐   leaf ☐

_____   _____   _____   _____

B 다음 우리말에 해당하는 영어단어를 쓰시오.

1 세기 _____   2 용감한 _____

3 (손·물건으로) 치다 _____   4 채우다 _____

5 반지 _____   6 자랑스러운 _____

7 바구니 _____

106	**road** [roud]	똉 길, 도로

• The post office is at the end of this **road**. 우체국은 이 길 끝에 있다.
• There are always so many cars on this ＿＿＿＿＿＿. 이 도로에는 항상 차가 많다.

107	**wet** [wet]	똉 젖은, 축축한

• The ground is **wet** from the rain last night. 어젯밤에 내린 비로 인해 땅이 젖어 있다
• You need to change your ＿＿＿＿＿ clothes. 젖은 옷을 갈아입도록 해.

108	**hold** [hould] hold-held-held	똉 (손·팔로) 잡고 있다, 쥐고 가다

• A woman is **holding** her baby in her arms. 한 여자가 아기를 팔에 안고 있다.
• Can you ＿＿＿＿＿ the door for me? 나를 위해 문을 좀 잡아 줄래?

109	**basic** [béisik]	똉 기본적인, 기초의

• Learn the **basic** rules before you start the game.
  게임을 시작하기 전에 기본적인 규칙을 익히세요.
• Ms. Green teaches ＿＿＿＿＿ grammar. Green 선생님은 기초 문법을 가르치신다.

110	**pull** [pul]	똉 잡아 당기다/끌다, 당겨서 뽑다/빼다

• The man **pulled** the dishes towards him. 그 남자는 자기 쪽으로 음식들을 끌어 당겼다.
• The dentist ＿＿＿＿＿ed my tooth out. 치과의사가 내 이를 뽑았다.

111	**advice** [ədváis]	똉 조언, 충고 advise 똉 조언하다, 충고하다

• Can you give me some **advice**? 조언 좀 해 줄래?
• Thank you for your ＿＿＿＿＿. It really helped. 조언 고마워요. 큰 도움이 되었어요.

112	**bring** [briŋ] bring-brought-brought	똉 가져오다, 데리고 가다

• **Bring** your friend home to dinner. 저녁 식사에 친구를 데리고 오렴.
• What should I ＿＿＿＿＿ to the party? 파티에 무엇을 가져갈까?

113	**fresh** [freʃ]	똉 신선한, 싱싱한

• Eat lots of **fresh** fruits for your health. 건강을 위해 신선한 과일을 많이 섭취하세요.
• I need some ＿＿＿＿＿ air. Let's open the window. 신선한 공기가 필요해. 창문을 열자.

114	**finish** [fíniʃ]	똉 끝내다, 마치다

• The boy will **finish** his homework soon. 남자아이는 곧 숙제를 끝낼 것이다.
• My school ＿＿＿＿＿es at 4 p.m. 우리 학교는 오후 4시에 마친다.

115	**lie** [lai] lie-lay-lain	똉 놓여있다, 눕다

• The newspapers were **lying** all over the floor. 신문들이 바닥에 이리저리 흩어져 있었다.
• I feel tired. I'll ＿＿＿＿＿ in bed for a while. 피곤해. 침대에 잠시 누워야겠어.

116 forward
[fɔ́:rwərd]

(부) 앞으로, 앞쪽으로

- The student stepped **forward** to make a speech. 그 학생은 발표를 하려고 앞으로 나갔다.
- Move _____ . You will hear the speaker better.
  앞쪽으로 가. 발표자의 말이 더 잘 들릴 거야.

---

117 quick
[kwik]

(형) 빠른, 신속한, 단시간의

quickly (부) 빨리

- These pancakes are very **quick** and easy to make.
  이 팬케이크는 아주 빠르고 쉽게 만들 수 있다.
- We look forward to your _____ reply. 신속한 답변을 기대합니다.

---

118 deep
[di:p]

(형) 깊은

depth (명) 깊이

- The center of the lake is very **deep**. 그 호수의 중심부는 매우 깊다.
- The boys are digging a _____ hole. 남자아이들이 깊은 구덩이를 파고 있다.

---

119 promise
[prámis]

(동) 약속하다 (명) 약속

- **Promise** me you will come back tomorrow. 내일 돌아오겠다고 약속해.
- Jenny made a _____ to do her best. Jenny는 최선을 다하기로 약속했다.

---

120 repeat
[ripí:t]

(동) 한 번 더 말하다, (행동을) 반복하다

- Parrots can **repeat** human words. 앵무새는 인간의 말을 따라 할 수 있다.
- Don't _____ the same mistakes. 같은 실수를 반복하지 마.

Check Up

정답 p.114

A 다음 영어단어를 듣고 해당 번호를 쓰시오. 그 다음, 빈칸에 우리말을 쓰시오. 🎧20

wet ☐	advice ☐	finish ☐	basic ☐
_____	_____	_____	_____
forward ☐	quick ☐	road ☐	lie ☐
_____	_____	_____	_____

B 다음 우리말에 해당하는 영어단어를 쓰시오.

1 약속하다 _____   2 가져오다 _____

3 깊은 _____   4 잡아 당기다 _____

5 신선한 _____   6 (손·팔로) 잡고 있다 _____

7 한 번 더 말하다 _____

Review

정답 p.114

A 다음 영어단어의 우리말을 쓰시오.

1 basket _____   2 owe _____

3 promise _____   4 leaf _____

5 advice _____   6 road _____

7 foreign _____   8 repeat _____

9 bring _____   10 century _____

11 fresh _____   12 ring _____

B 우리말과 일치하도록 알맞은 영어단어를 써넣어 문장을 완성하시오.

1 Learn the _____ rules before you start the game.
   게임을 시작하기 전에 기본적인 규칙을 익히세요.

2 Ava _____ed the pot with hot water. Ava는 뜨거운 물로 냄비를 채웠다.

3 I feel very _____ about my new book. 나는 내가 새로 쓴 책이 정말 자랑스러워.

4 _____ men tell no tales. 죽은 자는 말이 없다.

5 Emily _____ the nail with the hammer. Emily는 망치로 못을 박았다.

6 The _____ woman caught the robber by herself. 그 용감한 여자는 혼자서 강도를 잡았다.

7 You need to change your _____ clothes. 젖은 옷을 갈아입도록 해.

8 What's the _____ with your car? 네 차에 무슨 문제가 있는 거야?

9 Amy's _____ is normal for her height. 키를 감안하면 Amy의 몸무게는 정상이다.

10 The student stepped _____ to make a speech. 그 학생은 발표를 하려고 앞으로 나갔다.

C 다음 영어문장이 우리말과 일치하면 O, 그렇지 않으면 X를 쓰시오.

1 Can you bring the door for me? 나를 위해 문을 좀 잡아 줄래? (   )

2 The center of the lake is very quick. 그 호수의 중심부는 매우 깊다. (   )

3 Cover your knees with a blanket. 담요로 무릎을 덮으세요. (   )

4 The newspapers were lying all over the floor. 신문들이 바닥에 이리저리 흩어져 있었다. (   )

5 The boy will finish his homework soon. 남자아이는 곧 숙제를 끝낼 것이다. (   )

D 다음 문장을 듣고 문장을 완성한 후, 빈칸에 쓴 영어단어의 우리말을 쓰시오. 🎧21

1 The tree's _____ leaves fell to the ground.   ➔ ....

2 The ground is _____ from the rain last night.   ➔ ....

3 Many _____ tourists visit Seoul every year.   ➔ ....

4 Can you solve this _____?   ➔ ....

5 The _____ is full of fruit.   ➔ ....

6 The dentist _____ed my tooth out.   ➔ ....

7 The post office is at the end of this _____.   ➔ ....

8 Ms. Green teaches _____ grammar.   ➔ ....

9 This exercise program will help you lose _____.   ➔ ....

10 The warriors were strong and _____.   ➔ ....

11 Thank you for your _____. It really helped.   ➔ ....

12 Eat lots of _____ fruits for your health.   ➔ ....

13 My school _____es at 4 p.m.   ➔ ....

14 Don't judge a book by its _____.   ➔ ....

15 I'm wearing a _____ on my thumb.   ➔ ....

16 The man _____s the bank two million dollars.   ➔ ....

17 _____ your friend home to dinner.   ➔ ....

18 I found a four-_____ clover on the grass.   ➔ ....

19 I feel tired. I'll _____ in bed for a while.   ➔ ....

20 The car almost _____ the dog.   ➔ ....

21 Move _____. You will hear the speaker better.   ➔ ....

22 Andy Warhol is a famous twentieth-_____ artist.   ➔ ....

23 We look forward to your _____ reply.   ➔ ....

24 The boys are digging a _____ hole.   ➔ ....

25 Aaron was _____ of his success.   ➔ ....

26 _____ me you will come back tomorrow.   ➔ ....

27 _____ in the blank with your full name.   ➔ ....

28 A woman is _____ing her baby in her arms.   ➔ ....

29 Don't _____ the same mistakes.   ➔ ....

30 Most children like _____ stories.   ➔ ....

31

22

121	**holiday** [hάlidèi]	똉 휴일, 휴가 • The bank is closed on national **holidays**. 그 은행은 공휴일에 문을 닫는다. • My family is going on _____ next month. 우리 가족은 다음 달에 휴가를 떠날 것이다.
122	**early** [ə́:rli]	뷔 일찍, 빨리 혱 초반의/초기의, 이른 • We left the house **early** this morning. 우리는 오늘 아침 일찍 집을 나섰다. • I had an _____ dinner. 나는 이른 저녁을 먹었다.
123	**sell** [sel] sell-sold-sold	똉 팔다, 판매하다 • We don't **sell** any alcohol to children. 저희는 아이들에게 술을 팔지 않습니다. • The food truck is _____ing hot dogs. 그 푸드트럭은 핫도그를 판다.
124	**quite** [kwait]	뷔 상당히, 꽤 • This restaurant's food tastes **quite** good. 이 레스토랑의 음식은 상당히 맛이 좋다. • The math question was _____ difficult for me. 그 수학 문제는 나에게 꽤 어려웠다.
125	**away** [əwéi]	뷔 (시간적·공간적으로) 떨어져, 다른 쪽으로 • I live far **away** from my parents. 나는 부모님과 멀리 떨어져 산다. • We decided to move _____ from the city. 우리는 도시를 떠나 이사를 가기로 결정했다.
126	**bubble** [bʌ́bl]	똉 비누방울, 거품 • Kids love blowing **bubbles**. 아이들은 비누방울 부는 것을 좋아한다. • Why does soap make _____s? 비누는 왜 거품을 낼까요?
127	**friendship** [frénʤip]	똉 친구 관계, 우정 • We started our **friendship** in the third grade. 우리는 3학년 때 친구 관계를 맺었다. • You can't buy _____ with money. 우정은 돈으로 살 수 없다.
128	**afraid** [əfréid]	혱 두려워하는, 걱정하는 • Don't be **afraid** of failure. 실패를 두려워하지 마세요. • I'm _____ it's going to rain tomorrow. 내일 비가 올까 봐 걱정스럽네요.
129	**culture** [kʌ́ltʃər]	똉 문화 cultural 혱 문화와 관련된 • Sachiko loves Korean language and **culture**. Sachiko는 한국어와 한국의 문화를 좋아한다. • In Korean _____, it is rude to point at a person. 한국 문화에서는 사람을 손으로 가리키는 것은 무례하다.
130	**fix** [fiks]	똉 고치다/수리하다, (움직이지 않게) 고정시키다 • What do you need to **fix** the broken bike? 고장 난 자전거를 고치려면 무엇이 필요한가요? • We _____ed the photo frames to the wall. 우리는 사진 액자들을 벽에 고정시켰다.

131 race
[reis]

(명) 경주, 레이스
- Can you guess who will win the car **race**? 누가 자동차 경주에서 이길 거 같니?
- Henry did his best but still lost the ⬚⬚⬚⬚. Henry는 최선을 다했지만 경주에서 졌다.

132 lip
[lip]

(명) 입술
- My **lips** get dry in winter. 내 입술은 겨울에 건조해진다.
- It was so cold that my ⬚⬚⬚⬚s turned blue. 너무 추워서 입술이 파래졌다.

133 coast
[koust]

(명) 해안
- There are beautiful beaches on the **coast**. 그 해안에는 아름다운 해변들이 즐비하다.
- Jake likes riding a bike along the ⬚⬚⬚⬚.
  Jake는 해안을 따라 자전거 타는 것을 좋아한다.

134 real
[ríːəl]

(형) 실제의, (가짜가 아닌) 진짜의
- Bill is my nickname. My **real** name is William.
  Bill은 나의 애칭이야. 내 실제 이름은 William이야.
- This book is based on ⬚⬚⬚⬚ events. 이 책은 실제 사건을 기반으로 한다.

135 wish
[wiʃ]

(동) ~라면 좋겠다 (명) 소원
- I **wish** I were a millionaire. 내가 백만장자라면 좋겠어.
- Make a ⬚⬚⬚⬚ before you blow out the candles. 촛불을 끄기 전에 소원을 빌어봐.

Check Up

정답 p.115

A 다음 영어단어를 듣고 해당 번호를 쓰시오. 그 다음, 빈칸에 우리말을 쓰시오. 🎧23

away	☐	lip	☐	friendship	☐	early	☐
_____		_____		_____		_____	
quite	☐	coast	☐	holiday	☐	race	☐
_____		_____		_____		_____	

B 다음 우리말에 해당하는 영어단어를 쓰시오.

1 비누방울 _____ 2 ~라면 좋겠다 _____

3 두려워하는 _____ 4 고치다 _____

5 팔다 _____ 6 문화 _____

7 실제의 _____

136 bean
[biːn]

(명) 콩
• My dad likes to eat rice with green **beans**. 아빠는 완두콩을 넣은 밥을 좋아하신다.
• Hailey planted some ____s in the pot. Hailey는 화분에 콩 몇 개를 심었다.

137 arrive
[əráiv]

(동) 도착하다
arrival (명) 도착
• What time will your parents **arrive**? 몇 시에 부모님이 도착하시니?
• The subway ____d at the station. 지하철이 역에 도착했다.

138 hope
[houp]

(동) 희망하다 (명) 희망
• I **hope** we can meet again soon. 우리가 곧 다시 만나길 바랍니다.
• My parents have high ____s for me. 부모님은 나에게 큰 희망을 품고 계신다.

139 send
[send]
send-sent-sent

(동) (물건·사람 등을) 보내다
• My aunt **sent** me a birthday present. 고모가 나에게 생일 선물을 보내 주셨다.
• I'll ____ a text message to Jamie. 나는 Jamie에게 문자메시지를 보낼 것이다.

140 rest
[rest]

(명) 나머지, 휴식 (동) 쉬다, 휴식을 취하다
• After the party, I ate the **rest** of the cake. 파티가 끝난 후, 나는 남은 케이크를 먹었다.
• I should ____ today because of my cold. 감기 때문에 나는 오늘 쉬어야 해.

141 die
[dai]

(동) 죽다
dead (형) 죽은
• Your plants are **dying**. You need to water them. 네 식물들은 죽겠다. 물을 줘야 해.
• Two people ____d in the car accident. 차 사고로 두 명이 사망했다.

142 bug
[bʌg]

(명) 작은 벌레, 곤충
• There is a **bug** on the carpet! 카펫 위에 벌레 한 마리가 있어!
• The scientist studies ____s. 그 과학자는 벌레들을 연구한다.

143 curious
[kjú(ː)əriəs]

(형) 호기심이 많은, 궁금해하는
• George is a **curious** boy. He keeps asking questions.
George는 호기심이 많은 아이다. 그는 끊임없이 질문을 한다.
• I'm ____ about the ending of the movie. 나는 그 영화의 결말이 궁금하다.

144 focus
[fóukəs]

(동) 집중하다 (명) (관심의) 초점, 중점
• Please be quiet. I need to **focus** on studying. 조용히 해주세요. 공부에 집중해야 해요.
• What was the main ____ of the meeting? 그 회의의 주요 초점은 무엇이었나요?

145 luck
[lʌk]

(명) 행운, 운
• I wish you good **luck** on the exam. 시험을 잘 치길 바래.
• Breaking a mirror can bring bad ____. 거울을 깨트리면 안 좋은 운이 올 수도 있다.

146 remember
[rimémbər]

동 기억하다

- Do you **remember** his e-mail address? 그의 이메일 주소를 기억하나요?
- I can't _____ where I parked my car. 내 차를 어디에 주차했는지 기억이 안 나.

147 wood
[wud]

명 나무, 목재

- Is this table made of plastic or **wood**?
  이 식탁은 플라스틱으로 만들어졌나요, 아니면 나무로 만들어졌나요?
- They brought some _____ to make a fire. 그들은 불을 피우려고 나무를 가져왔다.

148 gain
[gein]

동 (노력해서) 얻게 되다, 차츰 증가하다   명 이득/이익, 증가

- I usually **gain** weight in winter. 나는 주로 겨울에 몸무게가 는다.
- The company made big _____s between 2015 and 2017.
  그 회사는 2015년에서 2017년 사이에 큰 수익을 거두었다.

149 recycle
[riːsáikl]

동 재활용하다

- We should **recycle** for the environment. 우리는 환경을 위해 재활용을 해야 한다.
- You can _____ most plastic bottles. 대부분의 플라스틱 병은 재활용할 수 있다.

150 dig
[dig]
dig-dug-dug

동 (구멍을 내기 위해 땅 등을) 파다

- The gardener is **digging** a hole for a tree. 정원사는 나무를 심기 위해 구멍을 파고 있다.
- Some animals _____ in the ground to find food.
  먹이를 찾으려고 땅을 파는 동물들도 있다.

Check Up

정답 p.115

A 다음 영어단어를 듣고 해당 번호를 쓰시오. 그 다음, 빈칸에 우리말을 쓰시오. 🎧25

wood ☐	bug ☐	hope ☐	arrive ☐
_____	_____	_____	_____

luck ☐	die ☐	curious ☐	dig ☐
_____	_____	_____	_____

B 다음 우리말에 해당하는 영어단어를 쓰시오.

1 재활용하다 _____   2 (노력해서) 얻게 되다 _____

3 집중하다 _____   4 나머지 _____

5 (물건·사람 등을) 보내다 _____   6 콩 _____

7 기억하다 _____

A 다음 영어단어의 우리말을 쓰시오.

1 hope _____   2 bug _____

3 luck _____   4 recycle _____

5 die _____   6 lip _____

7 dig _____   8 away _____

9 coast _____   10 race _____

11 culture _____   12 focus _____

B 우리말과 일치하도록 알맞은 영어단어를 써넣어 문장을 완성하시오.

1 This restaurant's food tastes _____ good. 이 레스토랑의 음식은 상당히 맛이 좋다.

2 Kids love blowing _____s. 아이들은 비누방울 부는 것을 좋아한다.

3 What time will your parents _____? 몇 시에 부모님이 도착하시니?

4 I'm _____ about the ending of the movie. 나는 그 영화의 결말이 궁금하다.

5 We _____ed the photo frames to the wall. 우리는 사진 액자들을 벽에 고정시켰다.

6 This book is based on _____ events. 이 책은 실제 사건을 기반으로 한다.

7 Is this table made of plastic or _____?
이 식탁은 플라스틱으로 만들어졌나요, 아니면 나무로 만들어졌나요?

8 I'm _____ it's going to rain tomorrow. 내일 비가 올까 봐 걱정스럽네요.

9 We left the house _____ this morning. 우리는 오늘 아침 일찍 집을 나섰다.

10 I _____ I were a millionaire. 내가 백만장자라면 좋겠어.

C 다음 영어문장이 우리말과 일치하면 O, 그렇지 않으면 X를 쓰시오.

1 Do you send his e-mail address? 그의 이메일 주소를 기억하나요? (   )

2 My family is going on holiday next month. 우리 가족은 다음 달에 휴가를 떠날 것이다. (   )

3 After the party, I ate the rest of the cake. 파티가 끝난 후, 나는 남은 케이크를 먹었다. (   )

4 Hailey planted some wood in the pot. Hailey는 화분에 콩 몇 개를 심었다. (   )

5 We don't gain any alcohol to children. 저희는 아이들에게 술을 팔지 않습니다. (   )

D 다음 문장을 듣고 문장을 완성한 후, 빈칸에 쓴 영어단어의 우리말을 쓰시오. 🎧26

1 The bank is closed on national _____s. ➡ ....

2 There are beautiful beaches on the _____. ➡ ....

3 I should _____ today because of my cold. ➡ ....

4 There is a _____ on the carpet! ➡ ....

5 My _____s get dry in winter. ➡ ....

6 I'll _____ a text message to Jamie. ➡ ....

7 Two people _____d in the car accident. ➡ ....

8 Bill is my nickname. My _____ name is William. ➡ ....

9 Don't be _____ of failure. ➡ ....

10 I had an _____ dinner. ➡ ....

11 George is a _____ boy. He keeps asking questions. ➡ ....

12 The math question was _____ difficult for me. ➡ ....

13 Please be quiet. I need to _____ on studying. ➡ ....

14 Sachiko loves Korean language and _____. ➡ ....

15 I live far _____ from my parents. ➡ ....

16 I wish you good _____ on the exam. ➡ ....

17 Can you guess who will win the car _____? ➡ ....

18 I _____ we can meet again soon. ➡ ....

19 I can't _____ where I parked my car. ➡ ....

20 The food truck is _____ing hot dogs. ➡ ....

21 They brought some _____ to make a fire. ➡ ....

22 Some animals _____ in the ground to find food. ➡ ....

23 The subway _____d at the station. ➡ ....

24 We started our _____ in the third grade. ➡ ....

25 What do you need to _____ the broken bike? ➡ ....

26 I usually _____ weight in winter. ➡ ....

27 We should _____ for the environment. ➡ ....

28 Make a _____ before you blow out the candles. ➡ ....

29 My dad likes to eat rice with green _____s. ➡ ....

30 Why does soap make _____s? ➡ ....

Ⓐ 영어단어는 우리말로, 우리말은 영어단어로 바꿔 쓰시오.

1 prize	→	26 특히	→
2 away	→	27 목소리	→
3 pill	→	28 아무도 (~않다)	→
4 bone	→	29 ~에 대한	→
5 even	→	30 커튼	→
6 basic	→	31 문제	→
7 branch	→	32 값이 ~이다	→
8 lie	→	33 장소	→
9 academy	→	34 행운	→
10 wet	→	35 말도 안 되는	→
11 far	→	36 바닥	→
12 adventure	→	37 심장	→
13 hit	→	38 (내기 등에) 돈을 걸다	→
14 almost	→	39 자랑스러운	→
15 accident	→	40 덮다	→
16 keep	→	41 사람	→
17 hold	→	42 끝내다	→
18 wild	→	43 기본적인	→
19 hope	→	44 일찍	→
20 factory	→	45 콩	→
21 hurt	→	46 나머지	→
22 appear	→	47 호기심이 많은	→
23 brave	→	48 식물	→
24 book	→	49 실제의	→
25 across	→	50 결혼	→

B 우리말과 일치하도록 알맞은 영어단어를 써넣어 문장을 완성하시오.

1 I love to surf big _____s. 나는 큰 파도에서 서핑하는 것을 좋아한다.

2 I went to the post office three days _____. 나는 3일 전에 우체국에 갔다.

3 He finished the _____ in 30 minutes. 그는 30분 안에 경주를 마쳤다.

4 Ashley is a _____ girl in school. Ashley는 학교에서 인기 있는 여자아이다.

5 Can you _____ what happened last night? 어젯밤에 무슨 일이 일어났는지 기억나니?

6 The team _____s hard to prepare for their games. 그 팀은 경기에 대비하여 열심히 연습한다.

7 The Industrial Revolution took place in the 18th _____. 산업 혁명은 18세기에 일어났다.

8 Be careful when you cross the _____. 길을 건널 때는 조심하도록 해.

9 _____ the lever to open the gate. 문을 열려면 레버를 잡아 당기세요.

10 I think that's not the _____. 내 생각에는 그것이 핵심이 아니야.

11 Nina _____ed her driving test last week. Nina는 지난주에 운전면허 시험에서 떨어졌다.

12 Go straight two blocks and _____ left. 두 블록을 곧장 가서 왼쪽으로 도세요.

13 I want to _____ a gift to Gabriel. 나는 Gabriel에게 선물을 보내고 싶다.

14 Reading books can increase your _____ power. 독서는 당신의 지능을 향상시킬 수 있다.

15 Could you _____ that chair over here? 저 의자를 여기로 가져와 주시겠어요?

16 We sat _____ the table for the meeting. 우리는 회의를 위해 탁자 주변에 둘러앉았다.

17 Sorry. Can you _____ the question? 미안해. 질문을 다시 말해 줄래?

18 The bathtub is full of _____s. 욕조가 거품으로 가득 차 있다.

19 Leo's hometown is on the south _____ of England. Leo의 고향은 잉글랜드 남부 해안에 있다.

20 There is a convenience store on the _____. 길모퉁이에 편의점이 하나 있다.

21 The man will _____ the car before the weekend. 그 남자는 주말 전에 차를 수리할 것이다.

22 I bought a _____ for my parents on Parents' Day. 나는 어버이날에 부모님께 드릴 선물을 샀다.

23 Do you have any _____ fish? 싱싱한 생선이 있나요?

24 I think health is the most _____ thing. 나는 건강이 가장 중요한 것이라고 생각해.

25 The movie is about an _____ king. 그 영화는 어느 사악한 왕에 관한 내용이다.

C 다음 문장에 들어갈 알맞은 단어를 고르시오.

1 This exercise program will help you lose [prize / coin / weight].

2 The plane is now [about / above / across] the clouds.

3 Alex is not only selfish but also [lazy / pretty / popular].

4 What is your [place / plan / person] for this vacation?

5 Jenny made a [promise / file / wish] to do her best.

6 The rich man helped [present / brave / poor] people.

7 The student stepped [forward / early / away] to make a speech.

8 How many hours do you sleep a [minute / day / rest]?

9 Save a tree — don't [please / travel / waste] paper!

10 Remember that you only live [quite / once / ago].

11 They brought some [pot / basket / wood] to make a fire.

12 We don't [sell / hold / cost] any alcohol to children.

13 Try to [pick / laugh / add] a lot to keep healthy.

14 Some people have a snake as a [plant / pet / bug].

15 [Appear / Fill / Send] in the blank with your full name.

16 Vegetarians don't eat [meat / beans / pills].

17 I want to [fix / travel / bet] around the world by bike.

18 I need to [print / finish / remember] a file from my USB stick.

19 Let's go to see the [wet / afraid / fantastic] ice show.

20 Please be quiet. I need to [focus / finish / wish] on studying.

21 Do not [turn / kick / lie] the seat in front of you.

22 The tree's [crazy / deep / dead] leaves fell to the ground.

23 The bank is closed on national [culture / holidays / contest].

24 Is it true that dogs and cats [hold / lie / hate] each other?

25 Let me [introduce / remember / cover] myself first.

정답 p.116

D 다음 단어의 바뀐 품사를 보기 에서 찾아 빈칸에 쓰고, 그 단어의 우리말을 쓰시오.

보기
peaceful	exciting	truth	action	failure
congratulations	powerful	foreigner	arrival	depth
height	dead	advise	addition	cultural

1 (형) foreign → (명) _____ → ....

2 (동) excite → (형) _____ → ....

3 (형) deep → (명) _____ → ....

4 (명) culture → (형) _____ → ....

5 (동) fail → (명) _____ → ....

6 (명) peace → (형) _____ → ....

7 (명) advice → (동) _____ → ....

8 (형) high → (명) _____ → ....

9 (동) die → (형) _____ → ....

10 (형) true → (명) _____ → ....

11 (동) act → (명) _____ → ....

12 (동) arrive → (명) _____ → ....

13 (명) power → (형) _____ → ....

14 (동) congratulate → (명) _____ → ....

15 (동) add → (명) _____ → ....

➕ TIP

신체 내에는 여러 가지 기능을 담당하는 장기들(organs)이 있습니다. 예컨대 심장은 혈액을 순환시키고 위는 음식물을 소화시킵니다. 이러한 장기들 때문에 우리가 살 수 있는 것이지요. 그렇다면 신체 내의 주요 장기들은 영어로 어떻게 표현할까요?

☆ **brain** ― 뇌　　☆ **heart** ― 심장　　☆ **lung** ― 폐　　☆ **liver** ― 간　　☆ **stomach** ― 위　　☆ **kidney** ― 콩팥

151	**become** [bikʌ́m] become-became-become	동 ~이 되다, ~해지다

* When did you **become** a lawyer? 당신은 언제 변호사가 되었나요?
* I   upset when I'm home alone. 나는 집에 혼자 있으면 속상하다.

152	**down** [daun]	부 (높은 데서) 낮은 쪽으로, 아래로

* Annie climbed **down** from the mountain. Annie는 산 아래로 내려왔다.
* Don't look   when you cross a high bridge.
  높은 다리를 건널 때에는 아래를 쳐다보지 마세요.

153	**hour** [áuər]	명 한 시간

* It takes an **hour** to drive there. 거기까지 운전해서 가는 데 한 시간이 걸린다.
* How many   s do you exercise every day? 매일 몇 시간씩 운동하니?

154	**sound** [saund]	명 소리 동 ~처럼 들리다, ~인 듯하다

* I heard a strange **sound** outside my house. 집 밖에서 이상한 소리가 들렸어.
* The science test   s really interesting. 그 과학 실험은 정말 흥미롭게 들리는구나.

155	**work** [wəːrk]	동 일하다 명 일, 업무, 일터

* The man **works** at a bank. 그 남자는 은행에서 일한다.
* I have so much   to do this weekend. 나는 이번 주말에 해야 할 일이 매우 많아.

156	**agree** [əgríː]	동 동의하다, 의견이 일치하다

* I don't **agree** with you on this problem. 이 문제에 있어서 나는 네 말에 동의하지 않아.
* Do you   that Layla is a good student? Layla가 우수한 학생이라는 데 동의하니?

157	**burn** [bəːrn]	동 불에 타다, 불로 태우다, 화상을 입히다

* I smell something **burning**. 무언가가 타는 냄새가 나.
* I   ed my fingers on the hot pot. 뜨거운 주전자에 손가락을 데였어.

158	**customer** [kʌ́stəmər]	명 손님, 고객

* Mrs. Jones is a regular **customer** at our restaurant. Jones 씨는 우리 식당의 단골 고객이다.
* The   paid with a credit card. 그 손님은 신용카드로 계산했다.

159	**forest** [fɔ́(ː)rist]	명 숲

* People enjoy camping in the **forest**. 사람들은 숲에서 캠핑하는 것을 즐긴다.
* You can breathe fresh air in the   . 숲에서는 맑은 공기를 마실 수 있다.

160	**mad** [mæd]	형 무척 화난

* The noise makes me so **mad**. 소음 때문에 내가 미치겠어.
* Why are you so   at me? 나한테 왜 그렇게 화가 났니?

161 **return**
[ritə́ːrn]

(동) 돌아오다, 되돌려 주다

- Ella is not here right now, but she will **return** soon.
  Ella는 지금 여기 없지만 곧 돌아올 거예요.
- You have to _____ this book by Saturday. 토요일까지 이 책을 반납하세요.

162 **rice**
[rais]

(명) 쌀, 쌀밥

- My mom is making fried **rice** for me. 엄마는 나에게 줄 볶음밥을 만들고 계신다.
- The Japanese use chopsticks when they eat _____.
  일본 사람들은 밥을 먹을 때 젓가락을 사용한다.

163 **gather**
[gǽðər]

(동) 모이다, 모으다

- We **gathered** to celebrate Ruby's birthday. 우리는 Ruby의 생일을 축하해주려고 모였다.
- Ants _____ their food during summer for winter.
  개미들은 겨울을 대비하여 여름 동안 식량을 모은다.

164 **remove**
[rimúːv]

(동) (있던 곳에서) 치우다, 없애다

- My dad **removed** all the trash from the room. 아빠가 그 방에 있는 쓰레기를 다 치우셨다.
- Use this brush to _____ the dust and dirt. 이 솔을 사용해서 흙과 먼지를 털어내시오.

165 **distance**
[dístəns]

(명) 거리, 간격

- What is the **distance** from Seoul to Jeju? 서울에서 제주까지의 거리는 어떻게 되나요?
- Some students walk long _____ s to school.
  먼 거리를 걸어서 학교에 가는 학생들도 있다.

Check Up

정답 p.116

A 다음 영어단어를 듣고 해당 번호를 쓰시오. 그 다음, 빈칸에 우리말을 쓰시오. 🎧28

work ☐	forest ☐	down ☐	gather ☐
_____	_____	_____	_____
customer ☐	distance ☐	rice ☐	hour ☐
_____	_____	_____	_____

B 다음 우리말에 해당하는 영어단어를 쓰시오.

1 소리 _____

2 무척 화난 _____

3 돌아오다 _____

4 동의하다 _____

5 ~이 되다 _____

6 불에 타다 _____

7 (있던 곳에서) 치우다 _____

166	**south** [sauθ]	명 남쪽 • Busan is to the **south** of Korea. 부산은 한국의 남쪽에 있다. • Which way is ⬚⬚⬚⬚? 어느 쪽이 남쪽이니?
167	**beef** [biːf]	명 소고기 • This restaurant is famous for its roast **beef** sandwiches. 이 식당은 구운 소고기 샌드위치로 유명하다. • Which do you like better, ⬚⬚⬚⬚ or pork? 소고기와 돼지고기 중 어떤 것을 선호하나요?
168	**dry** [drai]	형 물기가 없는/마른, 건조한 동 물기를 말리다 • My socks are not **dry** yet. 내 양말은 아직 마르지 않았어. • Tom is ⬚⬚⬚ing his hair with a towel. Tom은 수건으로 머리의 물기를 말리고 있다.
169	**round** [raund]	형 둥근, 원형의 • Most coins are **round**. 대부분의 동전들은 둥글다. • The baby has a ⬚⬚⬚⬚ face and brown eyes. 그 아기는 얼굴이 동그랗고 갈색 눈이다.
170	**joy** [dʒɔi]	명 큰 기쁨, 즐거움 joyful 형 기쁜 • I wish you happiness and **joy** in life. 너의 행복과 기쁨을 기원할게. • I jumped for ⬚⬚⬚⬚ when I heard the news. 나는 그 소식을 듣고 기뻐서 껑충 뛰었다.
171	**rich** [ritʃ]	형 부자의, 돈이 많은 • **Rich** people are not always happy. 부자가 항상 행복한 것은 아니다. • Switzerland is a ⬚⬚⬚⬚ country. 스위스는 부유한 나라이다.
172	**choose** [tʃuːz] choose-chose-chosen	동 고르다, 선택하다 choice 명 선택 • We **chose** pizza for dinner. 우리는 저녁으로 피자를 골랐다. • Which color would you ⬚⬚⬚⬚ to paint your house? 어떤 색으로 집을 칠하시겠어요?
173	**mail** [meil]	명 우편물, 전자우편 동 우편물을 보내다 • My letter box is full of new **mail**. 내 편지함은 새로 온 우편물로 꽉 찼다. • I'm going to the post office to ⬚⬚⬚⬚ a letter. 나는 편지를 부치러 우체국에 가는 중이야.
174	**drug** [drʌg]	명 의약품, (불법적인) 약물 • This **drug** does not have any side effects. 이 약은 부작용이 없다. • Illegal ⬚⬚⬚⬚s can be a serious problem. 불법적인 약물은 심각한 문제가 될 수 있다.
175	**climate** [kláimit]	명 기후 • Korea's **climate** is warmer than Russia's. 한국의 기후는 러시아보다 따뜻하다. • Mangoes only grow in a tropical ⬚⬚⬚⬚. 망고는 열대성 기후에서만 자란다.

176 alike
[əláik]

(형) 매우 비슷한 (부) 비슷하게

• The houses on this road are all **alike**. 이 길에 있는 집들은 모두 비슷하게 생겼다.
• The twin sisters dress　　　　　. 그 쌍둥이 자매는 옷을 비슷하게 입는다.

177 forever
[fərévər]

(부) 영원히

• I'll remember this moment **forever**. 나는 이 순간을 영원히 기억할 거야.
• No one can live　　　　　. 어느 누구도 영원히 살 수 없다.

178 ahead
[əhéd]

(부) 앞에, 앞쪽으로, (시간적으로) 미리/앞서서

• My dog is walking **ahead** of me. 내 개는 나보다 앞서 걷고 있다.
• I'll be there　　　　　 of time to get a good seat.
좋은 좌석을 차지하기 위해서 거기에 미리 가 있을 거야.

179 global
[glóubəl]

(형) 전 세계에 걸친, 세계적인

• English is known as the **global** language. 영어는 세계 공용어로 알려져 있다.
• The company is likely to succeed in the　　　　　 market.
그 회사는 세계 시장에서 성공할 가능성이 있다.

180 cycle
[sáikl]

(명) (현상·계절 등의) 순환, 반복

• This book is about the life **cycle** of insects. 이 책은 곤충의 일생을 다루고 있다.
• What causes the　　　　　 of the seasons? 무엇이 계절의 순환을 만드나요?

Check Up

정답 p.117

Ⓐ 다음 영어단어를 듣고 해당 번호를 쓰시오. 그 다음, 빈칸에 우리말을 쓰시오. 🎧30

ahead	⬜	mail	⬜	rich	⬜	south	⬜
____		____		____		____	

forever	⬜	joy	⬜	choose	⬜	climate	⬜
____		____		____		____	

Ⓑ 다음 우리말에 해당하는 영어단어를 쓰시오.

1 소고기 _____ 2 매우 비슷한 _____

3 의약품 _____ 4 물기가 없는 _____

5 (현상·계절 등의) 순환 _____ 6 둥근 _____

7 전 세계에 걸친 _____

Review

Lesson 11 & Lesson 12

정답 p.117

A 다음 영어단어의 우리말을 쓰시오.

1 hour _____ 2 rice _____

3 beef _____ 4 return _____

5 round _____ 6 climate _____

7 mad _____ 8 forest _____

9 joy _____ 10 gather _____

11 south _____ 12 distance _____

B 우리말과 일치하도록 알맞은 영어단어를 써넣어 문장을 완성하시오.

1 When did you _____ a lawyer? 당신은 언제 변호사가 되었나요?

2 My letter box is full of new _____. 내 편지함은 새로 온 우편물로 꽉 찼다.

3 The man _____s at a bank. 그 남자는 은행에서 일한다.

4 The twin sisters dress _____. 그 쌍둥이 자매는 옷을 비슷하게 입는다.

5 English is known as the _____ language. 영어는 세계 공용어로 알려져 있다.

6 I smell something _____ing. 무언가가 타는 냄새가 나.

7 My dad _____d all the trash from the room. 아빠가 그 방에 있는 쓰레기를 다 치우셨다.

8 The science test _____s really interesting. 그 과학 실험은 정말 흥미롭게 들리는구나.

9 Mrs. Jones is a regular _____ at our restaurant. Jones 씨는 우리 식당의 단골 고객이다.

10 I'll remember this moment _____. 나는 이 순간을 영원히 기억할 거야.

C 다음 영어문장이 우리말과 일치하면 O, 그렇지 않으면 X를 쓰시오.

1 My socks are not dry yet. 내 양말은 아직 마르지 않았어. (   )

2 I don't work with you on this problem. 이 문제에 있어서 나는 네 말에 동의하지 않아. (   )

3 We removed pizza for dinner. 우리는 저녁으로 피자를 골랐다. (   )

4 Annie climbed down from the mountain. Annie는 산 아래로 내려왔다. (   )

5 Rich people are not always happy. 부자가 항상 행복한 것은 아니다. (   )

46

D 다음 문장을 듣고 문장을 완성한 후, 빈칸에 쓴 영어단어의 우리말을 쓰시오. 🎧31

1 Some students walk long _____s to school.

→ ....

2 This _____ does not have any side effects.

→ ....

3 Use this brush to _____ the dust and dirt.

→ ....

4 Which way is _____?

→ ....

5 I _____ed my fingers on the hot pot.

→ ....

6 The company is likely to succeed in the _____ market.

→ ....

7 We _____ed to celebrate Ruby's birthday.

→ ....

8 I have so much _____ to do this weekend.

→ ....

9 Korea's _____ is warmer than Russia's.

→ ....

10 You have to _____ this book by Saturday.

→ ....

11 Do you _____ that Layla is a good student?

→ ....

12 The Japanese use chopsticks when they eat _____.

→ ....

13 Which color would you _____ to paint your house?

→ ....

14 I heard a strange _____ outside my house.

→ ....

15 The houses on this road are all _____.

→ ....

16 It takes an _____ to drive there.

→ ....

17 The noise makes me so _____.

→ ....

18 I'm going to the post office to _____ a letter.

→ ....

19 The baby has a _____ face and brown eyes.

→ ....

20 Don't look _____ when you cross a high bridge.

→ ....

21 People enjoy camping in the _____.

→ ....

22 I jumped for _____ when I heard the news.

→ ....

23 No one can live _____.

→ ....

24 Tom is _____ing his hair with a towel.

→ ....

25 The _____ paid with a credit card.

→ ....

26 Switzerland is a _____ country.

→ ....

27 I _____ upset when I'm home alone.

→ ....

28 This restaurant is famous for its roast _____ sandwiches.

→ ....

29 This book is about the life _____ of insects.

→ ....

30 My dog is walking _____ of me.

→ ....

---

181 block
[blɑk]

명 (나무·돌 등의) 사각형 덩어리, 구역/블록　　동 (지나가지 못하게) 막다

- The little boy is playing with **blocks**. 어린 남자아이가 블록을 가지고 놀고 있다.
- The police are 　　　　ing the road for the parade.
  경찰들이 퍼레이드 때문에 도로를 막고 있다.

---

182 design
[dizáin]

명 설계, 디자인　　동 (건물 등을) 설계하다, (옷 등을) 디자인하다　　designer 명 디자이너

- The car Is famous for its unique **design**. 그 자동차는 독특한 디자인으로 유명하다.
- It took one year to 　　　　the building. 그 건물을 설계하는 데 1년이 걸렸다.

---

183 just
[dʒʌst]

부 그저/단지, 방금, 정확히/딱

- I **just** want to take a rest. 저는 그저 쉬고 싶어요.
- Ashley 　　　　left for home. Ashley는 방금 집에 갔어.

---

184 stone
[stoun]

명 돌

- Many of the pyramids were made of **stones**. 많은 수의 피라미드는 돌로 만들어졌다.
- Don't throw 　　　　s at animals. 동물에게 돌을 던지지 마라.

---

185 sign
[sain]

명 징후/조짐, 표지판　　동 (서류 등에) 서명하다, 사인하다

- The **sign** on the store door says "CLOSED." 그 가게 문의 표지판에 "닫힘"이라고 쓰여 있었다.
- Please 　　　　for the package. 소포를 받았다는 서명을 해주세요.

---

186 airline
[ɛ́ərlàin]

명 항공사

- Most **airlines** offer free drinks on board. 대부분의 항공사는 기내에서 무료 음료를 제공한다.
- Could you call the 　　　　for me? 나를 위해 항공사에 전화해 줄래요?

---

187 cage
[keidʒ]

명 (짐승의) 우리, 새장

- There is a beautiful bird in the **cage**. 새장 안에 예쁜 새 한 마리가 있다.
- A tiger is walking around in the 　　　　. 호랑이가 우리 안에서 어슬렁거리고 있다.

---

188 dangerous
[déindʒərəs]

형 위험한

- Some snakes, like cobras, are **dangerous**. 코브라 같은 몇몇 뱀은 위험하다.
- Firefighters sometimes do a 　　　　job. 소방관들은 때로 위험한 일을 한다.

---

189 forget
[fərgét]
forget-forgot-forgotten

동 (알고 있던 것을) 잊다, (~할 것을) 잊고 안 하다

- I **forgot** Mr. Graham's phone number. 나는 Graham 씨의 전화번호를 잊었다.
- Don't 　　　　to mail this letter today. 오늘 이 편지를 보내야 한다는 걸 잊지 마세요.

---

190 marry
[mǽri]

동 결혼하다　　marriage 명 결혼

- My cousin **married** an Italian woman last year. 내 사촌은 작년에 이탈리아 여자와 결혼했다.
- Will you 　　　　me? 나와 결혼해 주겠니?

---

191 roof

[ru(:)f]

(명) 지붕

- We painted the **roof** white. 우리는 지붕을 흰색으로 칠했다.
- There are two chimneys on the _____. 지붕에 두 개의 굴뚝이 있다.

192 leave

[li:v]

leave-left-left

(동) (~로부터) 떠나다, (~한 상태로) 그대로 두다, (물건·사람을) 두고 가다

- They **left** the house early to go to the airport. 그들은 공항에 가기 위해 일찍 집을 나섰다.
- I _____ my bag on the subway yesterday. 나는 어제 지하철에 가방을 두고 내렸다.

193 half

[hæf]

(명) 절반, 1/2

- I divided the sandwich in **half** and ate it with Lily.
  나는 샌드위치를 반으로 나눠 Lily와 나눠 먹었다.
- The concert will start in _____ an hour. 공연은 30분 후에 시작할 것이다.

194 sink

[siŋk]

sink-sank-sunk

(명) 싱크대 (동) 가라앉다

- My dad is doing the dishes in the **sink**. 아빠가 싱크대에서 설거지를 하고 계신다.
- Nobody knows why the ship _____. 그 배가 왜 가라앉았는지 아무도 모른다.

195 expect

[ikspékt]

(동) 기대하다, 예상하다

- We **expect** to win the game. 우리는 경기에서 승리할 것으로 예상한다.
- The exam was easy. I _____ to get a high grade.
  시험은 쉬웠어. 높은 점수를 받을 수 있겠어.

Check Up

정답 p.117

Ⓐ 다음 영어단어를 듣고 해당 번호를 쓰시오. 그 다음, 빈칸에 우리말을 쓰시오. 🎧33

roof ☐	forget ☐	dangerous ☐	half ☐
_____	_____	_____	_____
design ☐	expect ☐	block ☐	cage ☐
_____	_____	_____	_____

Ⓑ 다음 우리말에 해당하는 영어단어를 쓰시오.

1 싱크대 _____ 2 돌 _____

3 징후 _____ 4 항공사 _____

5 (~로부터) 떠나다 _____ 6 결혼하다 _____

7 그저 _____

49

34

196 **bottle**
[bátl]

명 (액체류를 담는) 병

• There is some water in the **bottle**. 병 안에 물이 들어 있다.
• Most glass _____ s are recycled. 대부분의 유리병은 재활용된다.

197 **east**
[i:st]

명 동쪽

• The sun rises in the **east**. 해는 동쪽에서 떠오른다.
• Korea is in the _____ of Asia. 한국은 아시아의 동쪽에 있다.

198 **lake**
[leik]

명 호수

• Many small fish live in the **lake**. 그 호수에는 많은 작은 물고기들이 살고 있다.
• Do not swim in this _____ . 이 호수에서 수영하지 마시오.

199 **take**
[teik]
take-took-taken

동 가지고 가다/데리고 가다, (손 등으로) 잡다

• **Take** this book to Ken. He wants to read it. 이 책을 Ken에게 가지고 가. 걔가 읽고 싶어하거든.
• The man _____ my arm and guided me into the room.
그 남자는 내 팔을 잡고 방 안으로 안내했다.

200 **slice**
[slais]

명 (얇게 썬) 조각

• Kristen cut the bread into 5 **slices**. Kristen은 빵을 다섯 조각으로 잘랐다.
• Place a _____ of ham and cheese on the bread. 빵 위에 햄과 치즈 한 장을 얹어.

201 **alone**
[əlóun]

부 혼자, 홀로   형 혼자인

• Do you live **alone** or with your family? 너는 혼자 사니, 아니면 가족과 함께 사니?
• I was _____ at home yesterday. 나는 어제 집에 혼자 있었다.

202 **calm**
[kɑ:m]

형 차분한/침착한, (날씨·바다 등이) 고요한

• Don't be so excited; just stay **calm**. 그렇게 흥분하지 말고 침착하게 있어.
• The sea was _____ , and the waves were small. 바다는 잔잔했고 파도는 낮았다.

203 **death**
[deθ]

명 죽음   die 동 죽다

• Birth and **death** are part of life. 삶과 죽음은 인생의 일부이다.
• His _____ was big news. 그의 사망은 큰 뉴스였다.

204 **crowd**
[kraud]

명 (한 곳에 모인) 많은 사람들, 무리

• A **crowd** gathered to see the parade. 퍼레이드를 보기 위해 많은 사람들이 모였다.
• The woman lost her son in the _____ . 그 여자는 사람들 무리 속에서 아들을 잃어버렸다.

205 **memory**
[méməri]

명 기억, 기억력   memorize 동 기억하다

• I have a good **memory** of my childhood. 나는 어린 시절을 잘 기억하고 있다.
• Good sleep can improve _____ . 숙면은 기억력을 향상시킬 수 있다.

206 rock
[rɑk]

<table>
<tr><td>명 바위, 암석</td></tr>
</table>

- You can break a **rock** with this hammer. 이 망치로 바위를 부술 수 있다.
- There are huge _____ s all over the mountain. 그 산 여기저기에는 큰 암석들이 있다.

207 bend
[bend]
bend-bent-bent

동 (몸을) 굽히다, 구부리다

- Lauren **bent** over and picked up the flower. Lauren은 몸을 굽혀 꽃을 꺾었다.
- If you _____ the pencil too much, it will break.
  연필을 과도하게 구부리면 그것은 부러질 것이다.

208 happen
[hǽpən]

동 (어떤 일이) 일어나다, 발생하다

- A car accident **happened** on 3rd Street. 3번 가에서 교통 사고가 일어났다.
- A lot of things _____ ed to me last year. 작년에 나에게 많은 일들이 일어났어.

209 skill
[skil]

명 기술, 능력/솜씨   skillful 형 실력 있는

- The job requires computer **skills**. 그 일은 컴퓨터 기술을 필요로 한다.
- You can improve your writing _____ s in this class.
  이 수업을 통해 글쓰기 능력을 향상시킬 수 있다.

210 familiar
[fəmíljər]

형 친숙한, 잘 아는, 낯익은

- Are you **familiar** with Indian food? 인도 음식을 잘 아니?
- Children are very _____ with dragons. 아이들은 용에 친숙하다.

Check Up   Ⓐ 다음 영어단어를 듣고 해당 번호를 쓰시오. 그 다음, 빈칸에 우리말을 쓰시오. 🎧35

정답 p.117

death ☐	alone ☐	familiar ☐	bottle ☐
_____	_____	_____	_____
east ☐	crowd ☐	happen ☐	bend ☐
_____	_____	_____	_____

Ⓑ 다음 우리말에 해당하는 영어단어를 쓰시오.

1 호수 _____   2 바위 _____

3 기억 _____   4 기술 _____

5 가지고 가다 _____   6 차분한 _____

7 (얇게 썬) 조각 _____

A 다음 영어단어의 우리말을 쓰시오.

1 happen _____   2 marry _____

3 bottle _____   4 slice _____

5 airline _____   6 east _____

7 death _____   8 memory _____

9 rock _____   10 lake _____

11 sink _____   12 crowd _____

B 우리말과 일치하도록 알맞은 영어단어를 써넣어 문장을 완성하시오.

1 We painted the _____ white. 우리는 지붕을 흰색으로 칠했다.

2 Don't throw _____s at animals. 동물에게 돌을 던지지 마라.

3 The job requires computer _____s. 그 일은 컴퓨터 기술을 필요로 한다.

4 Are you _____ with Indian food? 인도 음식을 잘 아니?

5 If you _____ the pencil too much, it will break. 연필을 과도하게 구부리면 그것은 부러질 것이다.

6 I was _____ at home yesterday. 나는 어제 집에 혼자 있었다.

7 I _____ want to take a rest. 저는 그저 쉬고 싶어요.

8 I divided the sandwich in _____ and ate it with Lily.
나는 샌드위치를 반으로 나눠 Lily와 나눠 먹었다.

9 The _____ on the store door says "CLOSED." 그 가게 문의 표지판에 "닫힘"이라고 쓰여 있었다.

10 We _____ to win the game. 우리는 경기에서 승리할 것으로 예상한다.

C 다음 영어문장이 우리말과 일치하면 O, 그렇지 않으면 X를 쓰시오.

1 I forgot Mr. Graham's phone number. 나는 Graham 씨의 전화번호를 잊었다. (   )

2 They left the house early to go to the airport. 그들은 공항에 가기 위해 일찍 집을 나섰다. (   )

3 The car is famous for its unique design. 그 자동차는 독특한 디자인으로 유명하다. (   )

4 There is a beautiful bird in the lake. 새장 안에 예쁜 새 한 마리가 있다. (   )

5 Don't be so excited; just stay dangerous. 그렇게 흥분하지 말고 침착하게 있어. (   )

D 다음 문장을 듣고 문장을 완성한 후, 빈칸에 쓴 영어단어의 우리말을 쓰시오. 🎧36

1 Children are very _____ with dragons. ➡ ....

2 Korea is in the _____ of Asia. ➡ ....

3 The sea was _____, and the waves were small. ➡ ....

4 My dad is doing the dishes in the _____. ➡ ....

5 Many small fish live in the _____. ➡ ....

6 You can improve your writing _____s in this class. ➡ ....

7 Do you live _____ or with your family? ➡ ....

8 Will you _____ me? ➡ ....

9 _____ this book to Ken. He wants to read it. ➡ ....

10 Don't _____ to mail this letter today. ➡ ....

11 Birth and _____ are part of life. ➡ ....

12 Some snakes, like cobras, are _____. ➡ ....

13 A tiger is walking around in the _____. ➡ ....

14 Kristen cut the bread into 5 _____s. ➡ ....

15 There are two chimneys on the _____. ➡ ....

16 It took one year to _____ the building. ➡ ....

17 A _____ gathered to see the parade. ➡ ....

18 The concert will start in _____ an hour. ➡ ....

19 I have a good _____ of my childhood. ➡ ....

20 You can break a _____ with this hammer. ➡ ....

21 I _____ my bag on the subway yesterday. ➡ ....

22 Could you call the _____ for me? ➡ ....

23 Lauren _____ over and picked up the flower. ➡ ....

24 Many of the pyramids were made of _____s. ➡ ....

25 The exam was easy. I _____ to get a high grade. ➡ ....

26 Please _____ for the package. ➡ ....

27 There is some water in the _____. ➡ ....

28 Ashley _____ left for home. ➡ ....

29 The police are _____ing the road for the parade. ➡ ....

30 A lot of things _____ed to me last year. ➡ ....

211	**bowl** [boul]	몡 (손잡이가 없는 둥글고 넓적한) 그릇

- There are some plates and **bowls** in the kitchen. 부엌에 접시와 그릇이 몇 개 있다.
- Put some cereal in the plastic _____. 시리얼을 플라스틱 볼에 넣어.

212	**easy** [íːzi]	혱 쉬운

- The game is fun and **easy** for children. 그 게임은 아이들이 하기에 재미있고 쉽다.
- Some of the questions were not _____ to solve. 일부 문제들은 풀기가 쉽지 않았다.

213	**land** [lænd]	몡 땅, 육지 됭 (땅에) 내려앉다/착륙하다, (비행기·배로) 도착하다

- Frogs can live in water and on **land**. 개구리는 물속과 육지에서 살 수 있다.
- The plane safely _____ed on the runway. 그 비행기는 안전하게 활주로에 착륙했다.

214	**top** [tɑp]	몡 맨 위, 꼭대기

- Put the cherry on **top** of the cake. 케이크 위에 체리를 올려.
- Look at the _____ of the mountain. 산 꼭대기를 보세요.

215	**soon** [suːn]	븟 곧, 잠시 후

- Matthew will be here **soon**. Matthew는 곧 도착할 거야.
- It's too cold. I hope winter ends _____. 날씨가 너무 추워. 겨울이 곧 끝났으면 좋겠어.

216	**along** [əlɔ́(ː)ŋ]	젼 (선·길 등을) 쭉 따라

- Some people are walking **along** the beach. 몇몇 사람들이 해변을 따라 걷고 있다.
- You can see many old buildings _____ the street.
거리를 따라 쭉 늘어서 있는 많은 오래된 건물들을 볼 수 있다.

217	**captain** [kǽptən]	몡 선장, 기장, (팀의) 주장

- All the crew members respected their **captain**. 모든 선원들이 선장을 존경했다.
- Noah is the _____ of our soccer team. Noah가 우리 축구팀 주장이야.

218	**decide** [disáid]	됭 결정을 내리다, 결심하다 decision 몡 결정

- My dad **decided** to stop smoking. 아빠는 금연하기로 결심하셨다.
- My brother _____d to become a police officer. 형은 경찰관이 되기로 결심했다.

219	**gate** [geit]	몡 (울타리나 담에 있는) 대문, (공항의) 탑승구/게이트

- Sometimes I forget to lock the **gate**. 나는 가끔 대문을 잠그는 것을 잊는다.
- Which _____ is flight 287 to Rome? 로마행 287 비행기편은 몇 번 게이트인가요?

220	**safe** [seif]	혱 안전한, 안심할 수 있는 safety 몡 안전

- Is tap water **safe** to drink? 수돗물은 마시기에 안전한가요?
- The city is not _____ for traveling. 그 도시는 여행하기에 안전하지 않다.

221 **false**
[fɔːls]

형 사실이 아닌, 거짓의, 잘못된

fault 명 잘못

- Is the story true or **false**? 그 이야기는 사실이니, 거짓이니?
- The news must be _____. I can't believe it. 그 소식은 잘못된 게 분명해. 난 못 믿겠어.

222 **bitter**
[bítər]

형 쓴 맛이 나는

- This dark chocolate tastes very **bitter**. 이 다크 초콜릿은 너무 쓴 맛이 나.
- I don't like the drink because it is _____. 나는 그 음료가 쓴 맛이 나서 좋아하지 않는다.

223 **health**
[helθ]

명 건강

healthy 형 건강한

- Junk food is bad for your **health**. 정크 푸드는 건강에 나쁘다.
- My grandmother is 90 years old, but she has no _____ problems.
  할머니는 90세이지만, 건강에는 문제가 없으시다.

224 **social**
[sóuʃəl]

형 사회적인, 상냥한/붙임성 있는

- Suicide is a **social** issue in many countries. 자살은 많은 나라에서 대두되는 사회적인 문제이다.
- Lucas is very _____ and likes to meet new people.
  Lucas는 매우 사교적이고 새로운 사람들을 만나는 것을 좋아한다.

225 **middle**
[mídl]

명 한가운데, 중간

- There is an island in the **middle** of the sea. 바다 한가운데에 섬이 하나 있다.
- The players took a rest in the _____ of the game.
  선수들은 경기 중간에 휴식을 취했다.

Check Up

정답 p.118

A 다음 영어단어를 듣고 해당 번호를 쓰시오. 그 다음, 빈칸에 우리말을 쓰시오. 🎧38

easy	☐	false	☐	bowl	☐	gate	☐
____		____		____		____	

social	☐	captain	☐	decide	☐	top	☐
____		____		____		____	

B 다음 우리말에 해당하는 영어단어를 쓰시오.

1 땅 _____ 2 곧 _____

3 쓴 맛이 나는 _____ 4 (선·길 등을) 쭉 따라 _____

5 안전한 _____ 6 한가운데 _____

7 건강 _____

226 break
[breik]
break-broke-broken

(동) 깨다, 부수다   (명) 휴식
- Do you know who **broke** the vase? 누가 꽃병을 깼는지 아니?
- Let's take a _____ and drink some tea. 휴식을 취하면서 차를 마시죠.

227 end
[end]

(명) 끝   (동) 끝나다
- The students had a quiz at the **end** of the class. 학생들은 수업이 끝날 때쯤 퀴즈를 풀었다.
- How does the movie _____? 그 영화는 어떻게 끝나니?

228 light
[lait]

(명) 빛, 전등   (형) (빛이) 밝은, (무게가) 가벼운
- Turn off the **light** when you leave the office. 사무실에서 나갈 때에는 전등을 끄세요.
- The box is _____. You can move it alone. 그 상자는 가벼워. 너 혼자서 옮길 수 있어.

229 ugly
[ʌ́gli]

(형) 못생긴
- The clown is **ugly** but very popular among children.
  그 광대는 못생겼지만 아이들 사이에서 인기가 많다.
- I don't think orangutans are _____. 나는 오랑우탄이 못생겼다고 생각하지 않아.

230 thin
[θin]

(형) 얇은, 가는
- Cut the lemon into **thin** slices. 레몬을 얇은 조각으로 써세요.
- Ms. Scott was wearing a _____ coat. Scott 씨는 얇은 코트를 입고 있었다.

231 solve
[sɑlv]

(동) (문제를) 해결하다, 풀다   solution (명) 해결
- How can we **solve** the traffic problem? 교통 체증을 어떻게 해결할 수 있을까?
- Most students _____d the puzzle quickly. 대부분의 학생들이 퍼즐을 빨리 맞췄다.

232 care
[kɛər]

(명) 돌봄, 보살핌   (동) 신경을 쓰다, 관심을 가지다   careful (형) 조심스러운, 신중한
- Take good **care** of your dog when he is sick. 개가 아플 때에는 좀 더 돌봐 주세요.
- I don't _____ about my grades. 나는 내 성적에 대해 신경 쓰지 않아.

233 diary
[dáiəri]

(명) 일기
- Keeping a **diary** is a good habit. 일기를 쓰는 것은 좋은 습관이다.
- My sister writes in her _____ every day. 우리 누나는 매일 일기를 쓴다.

234 gesture
[dʒéstʃər]

(명) (생각·감정 등을 나타내는) 몸짓, 표시
- Wyatt made a rude **gesture** with his finger. Wyatt는 손가락으로 무례한 제스처를 취했다.
- Smiling is one of the friendliest _____s. 미소는 가장 친근한 표시 중 하나이다.

235 mind
[maind]

(명) 생각, 머리   (동) 꺼리다, 싫어하다
- Sorry, I changed my **mind**. 미안, 난 생각을 바꿨어.
- Would you _____ if I open the window? 창문을 열어도 될까요?

236	**sale** [seil]	명 판매, 세일/할인 판매

- This sweater is not for **sale**. 이 스웨터는 판매용이 아니다.
- The store will begin a summer _____ next week.
  그 가게는 다음 주에 여름 맞이 세일을 시작할 것이다.

237	**boil** [bɔil]	동 (액체류가) 끓다, 끓이다

- Water **boils** at 100 degrees Celsius. 물은 섭씨 100도에서 끓는다.
- The teacher _____ed water to make coffee. 그 교사는 커피를 타려고 물을 끓였다.

238	**hometown** [hóumtàun]	명 고향

- My **hometown** is on Jeju island. 내 고향은 제주도이다.
- The old man misses his _____. 그 노인은 고향을 그리워한다.

239	**already** [ɔːlrédi]	부 이미, 벌써

- Evelyn **already** finished her homework. Evelyn는 이미 숙제를 다 했다.
- You cannot meet Jack now. He _____ left the office.
  지금은 Jack을 만날 수 없어요. 이미 사무실에서 나갔어요.

240	**figure** [fígjər]	명 수치/통계, 숫자, 중요한 인물

- The teacher wrote some **figures** on the blackboard. 그 교사는 칠판에 숫자 몇 개를 썼다.
- Jeong Yak-yong is one of the most important _____s in Korean history. 정약용은 한국 역사상 가장 중요한 인물 중 하나이다.

Check Up

정답 p.118

A 다음 영어단어를 듣고 해당 번호를 쓰시오. 그 다음, 빈칸에 우리말을 쓰시오. 🎧40

end ☐	figure ☐	gesture ☐	light ☐
_____	_____	_____	_____

care ☐	break ☐	solve ☐	thin ☐
_____	_____	_____	_____

B 다음 우리말에 해당하는 영어단어를 쓰시오.

1 생각	_____	2 고향	_____
3 이미	_____	4 판매	_____
5 (액체류가) 끓다	_____	6 못생긴	_____
7 일기	_____		

A 다음 영어단어의 우리말을 쓰시오.

1 health _____ 2 ugly _____

3 false _____ 4 gesture _____

5 gate _____ 6 bitter _____

7 diary _____ 8 solve _____

9 break _____ 10 easy _____

11 thin _____ 12 hometown _____

B 우리말과 일치하도록 알맞은 영어단어를 써넣어 문장을 완성하시오.

1 Look at the _____ of the mountain. 산 꼭대기를 보세요.

2 Evelyn _____ finished her homework. Evelyn는 이미 숙제를 다 했다.

3 How does the movie _____ ? 그 영화는 어떻게 끝나니?

4 Water _____s at 100 degrees Celsius. 물은 섭씨 100도에서 끓는다.

5 This sweater is not for _____. 이 스웨터는 판매용이 아니다.

6 Sorry, I changed my _____. 미안, 난 생각을 바꿨어.

7 Matthew will be here _____. Matthew는 곧 도착할 거야.

8 My dad _____d to stop smoking. 아빠는 금연하기로 결심하셨다.

9 I don't _____ about my grades. 나는 내 성적에 대해 신경 쓰지 않아.

10 There are some plates and _____s in the kitchen. 부엌에 접시와 그릇이 몇 개 있다.

C 다음 영어문장이 우리말과 일치하면 **O**, 그렇지 않으면 **X**를 쓰시오.

1 There is an island in the middle of the sea. 바다 한가운데에 섬이 하나 있다. (   )

2 Some people are walking along the beach. 몇몇 사람들이 해변을 따라 걷고 있다. (   )

3 The plane safely landed on the runway. 그 비행기는 안전하게 활주로에 착륙했다. (   )

4 Lucas is very safe and likes to meet new people.
Lucas는 매우 사교적이고 새로운 사람들을 만나는 것을 좋아한다. (   )

5 Turn off the figure when you leave the office. 사무실에서 나갈 때에는 전등을 끄세요. (   )

D 다음 문장을 듣고 문장을 완성한 후, 빈칸에 쓴 영어단어의 우리말을 쓰시오. 🎧41

1 Put some cereal in the plastic _____.
   → ....

2 Take good _____ of your dog when he is sick.
   → ....

3 All the crew members respected their _____.
   → ....

4 Junk food is bad for your _____.
   → ....

5 Keeping a _____ is a good habit.
   → ....

6 Put the cherry on _____ of the cake.
   → ....

7 The store will begin a summer _____ next week.
   → ....

8 Smiling is one of the friendliest _____s.
   → ....

9 You can see many old buildings _____ the street.
   → ....

10 Suicide is a _____ issue in many countries.
   → ....

11 Would you _____ if I open the window?
   → ....

12 My brother _____d to become a police officer.
   → ....

13 The teacher _____ed water to make coffee.
   → ....

14 It's too cold. I hope winter ends _____.
   → ....

15 The students had a quiz at the _____ of the class.
   → ....

16 My _____ is on Jeju island.
   → ....

17 Sometimes I forget to lock the _____.
   → ....

18 Is the story true or _____?
   → ....

19 Most students _____d the puzzle quickly.
   → ....

20 Frogs can live in water and on _____.
   → ....

21 Let's take a _____ and drink some tea.
   → ....

22 The box is _____. You can move it alone.
   → ....

23 The teacher wrote some _____s on the blackboard.
   → ....

24 The players took a rest in the _____ of the game.
   → ....

25 The clown is _____ but very popular among children.
   → ....

26 This dark chocolate tastes very _____.
   → ....

27 Cut the lemon into _____ slices.
   → ....

28 Is tap water _____ to drink?
   → ....

29 You cannot meet Jack now. He _____ left the office.
   → ....

30 The game is fun and _____ for children.
   → ....

59

241 **bridge**
[bridʒ]

명 다리

- The workers are building a **bridge** to the island. 일꾼들이 섬을 잇는 다리를 짓고 있다.
- The longest   in the world is in China. 세계에서 가장 긴 다리는 중국에 있다.

---

242 **error**
[érər]

명 실수, 오류

- There are some **errors** in your writing. 너의 글에는 오류가 좀 있어.
- Logan often makes spelling   s. Logan은 맞춤법에서 종종 실수를 한다.

---

243 **like**
[laik]

동 좋아하다   전 ~와 비슷한, ~처럼

- I **like** chocolate. I eat it almost every day. 나는 초콜릿을 좋아해. 거의 매일 먹어.
- David looks   his brother. David는 그의 형과 닮았다.

---

244 **up**
[ʌp]

부 위로, 위에

- The kangaroo is jumping **up** and down. 캥거루가 위아래로 깡충깡충 뛰고 있다.
- The ticket office is   the stairs. 매표소는 계단 위에 있다.

---

245 **uniform**
[júːnəfɔ̀ːrm]

명 규정에 따라 입는 옷, 유니폼

- The hockey players are wearing red **uniforms**. 그 하키 선수들은 붉은색 유니폼을 입고 있다.
- Do you have to wear a   in your school? 너희 학교에서는 교복을 입니?

---

246 **area**
[ɛ́əriə]

명 지역

- Many wild plants live in this **area**. 이 지역에는 많은 야생 식물들이 살고 있다.
- Do not smoke in this   . 이 지역에서는 담배를 피우지 마시오.

---

247 **carry**
[kǽri]

동 (이동 중에) 들고 있다, 나르다, 가지고 다니다

- Can I **carry** your bag? 내가 가방을 들어 줄까?
- I always   my laptop with me. 나는 항상 노트북을 가지고 다닌다.

---

248 **different**
[dífərənt]

형 다른   difference 명 차이점

- John has a **different** opinion from me. John은 나와 다른 의견을 가지고 있다.
- The two products are   , but the prices are the same.
  그 두 제품은 다르지만, 가격은 같다.

---

249 **giant**
[dʒáiənt]

형 거대한   명 거인

- Surprisingly, I caught a **giant** fish in the lake. 뜻밖에도 나는 호수에서 거대한 물고기를 잡았다.
- Tyler is very tall. He looks like a   . Tyler는 키가 매우 크다. 그는 마치 거인처럼 보인다.

---

250 **miss**
[mis]

동 놓치다, 그리워하다

- Hurry up, or you will **miss** the plane. 서둘러, 그러지 않으면 너는 비행기를 놓칠 거야.
- I'll   you when you leave here. 네가 여기를 떠나면 네가 그리울 거야.

251 save
[seiv]

동 (좋지 않은 상황에서) 구해 내다, (낭비하지 않고) 아끼다, (돈을) 모으다

- The firefighter **saved** the child from the fire. 소방관이 불 속에서 아이를 구해 냈다.
- My brother _____d money to buy a new computer.
  형은 새 컴퓨터를 사기 위해 돈을 모았다.

252 boring
[bɔ́ːriŋ]

형 (사람·활동 등이) 재미없는, 지루한　　　　　bored 형 지루해 하는

- Ryan is such a **boring** man! Ryan은 정말 재미없는 사람이야!
- The game sounds _____, but actually it is pretty fun.
  그 게임은 지루하게 들리지만 오히려 꽤 재미있다.

253 blame
[bleim]

동 책임을 묻다, 탓하다

- They **blamed** the driver for the car accident. 그들은 차 사고에 대해 운전자에게 책임을 물었다.
- My sister always _____s everything on me. 누나는 항상 모든 일에 나를 탓한다.

254 special
[spéʃəl]

형 특별한

- I'm looking for something **special** for my mom's birthday.
  저는 엄마 생신 선물로 특별한 것을 찾고 있어요.
- We had a _____ party for our new teacher.
  우리는 새로 오신 선생님을 위해 특별한 파티를 열었다.

255 freeze
[friːz]
freeze-froze-frozen

동 얼다, 얼리다

- Water **freezes** at zero degree Celsius. 물은 섭씨 0도에서 언다.
- _____ the meat to use later. 나중에 사용할 수 있게 고기를 얼려 둬.

Check Up
정답 p.119

A 다음 영어단어를 듣고 해당 번호를 쓰시오. 그 다음, 빈칸에 우리말을 쓰시오. 🎧43

bridge ☐　　freeze ☐　　save ☐　　blame ☐

_____　_____　_____　_____

error ☐　　giant ☐　　boring ☐　　different ☐

_____　_____　_____　_____

B 다음 우리말에 해당하는 영어단어를 쓰시오.

1 규정에 따라 입는 옷 _____　　2 좋아하다 _____

3 특별한 _____　　4 (이동 중에) 들고 있다 _____

5 놓치다 _____　　6 위로, 위에 _____

7 지역 _____

61

256	**bright** [brait]	휑 (빛이) 밝은/눈이 부신, (색이) 밝은/선명한

- The sunshine is very **bright** today. 오늘은 해가 아주 밝다.
- Iguanas are a _____ green color. 이구아나는 밝은 초록색을 띤다.

257	**fall** [fɔ:l] fall-fell-fallen	휑 가을 동 (아래로) 떨어지다, 넘어지다

- Snowflakes are **falling** from the sky. 눈이 하늘에서 내리고 있다.
- The boy _____ down the stairs. 그 남자아이는 계단 아래로 넘어졌다.

258	**line** [lain]	휑 선, 줄

- The boy drew a **line** from dot to dot. 그 남자아이는 점과 점을 연결하는 선을 그렸다.
- People are standing in _____ at the bus stop. 사람들이 버스 정류장에 줄 서 있다.

259	**very** [véri]	휑 매우, 아주

- Sofia looks **very** busy now. Sofia는 지금 매우 바빠 보여.
- It's _____ cold outside. You should wear a coat. 밖이 아주 추워. 코트를 입도록 해.

260	**wide** [waid]	휑 폭이 넓은, 폭이 ~인 휑 활짝 width 휑 폭

- This room is five meters **wide**. 이 방은 폭이 5미터이다.
- Open your mouth _____. 입을 크게 벌리세요.

261	**against** [əgénst]	휑 ~에 반대하여/반하여, ~에 맞서/경쟁하여, ~에 기대어

- Many people are **against** the war. 많은 사람들이 전쟁에 반대한다.
- The two teams will race _____ each other. 두 팀은 서로 경주를 할 것이다.

262	**case** [keis]	휑 예/사례, 경우, 용기/상자

- Most **cases** of chickenpox are seen in children. 대부분의 수두 사례는 어린이들에게서 나타난다.
- I put my camera back in its _____. 나는 카메라를 용기에 다시 넣었다.

263	**difficult** [dífəkλlt]	휑 어려운

- It is **difficult** to keep a secret. 비밀을 유지하는 것은 어렵다.
- This book is too _____ for me to read. 이 책은 내가 읽기에 너무 어렵다.

264	**goal** [goul]	휑 목표, (축구·농구 등에서) 골

- Our **goal** is to finish the project on time. 우리의 목표는 제시간에 프로젝트를 끝내는 것이다.
- The player scored two _____ s in the match. 그 선수는 경기에서 두 골을 득점했다.

265	**nation** [néiʃən]	휑 국가, 국민

- There are around 200 **nations** in the world. 세계에는 약 200개의 나라가 있다.
- The president will speak to the _____ at 9 a.m.
  대통령은 오전 9시에 국민들에게 연설할 것이다.

266 shock
[ʃɑk]

⒨ (정신적인) 충격 ⒱ 충격을 주다, 깜짝 놀라게 하다

- His sudden death was a great **shock** to his family.
  그의 갑작스런 죽음은 가족들에게 큰 충격이었다.
- This news will _____ you. 이 뉴스는 여러분을 깜짝 놀라게 할 거예요.

267 cause
[kɔːz]

⒱ ~가 발생하게 하다, ~의 원인이 되다 ⒨ 이유, 원인

- The accident **caused** a heavy traffic jam. 그 사고가 심각한 교통 체증을 일으켰다.
- What is the _____ of the fire? 그 화재의 원인은 무엇인가요?

268 instrument
[ínstrəmənt]

⒨ (과학·의학 등에 쓰이는) 기구/도구, 악기

- Doctors use many **instruments** to examine patients.
  의사들은 환자들을 검사하기 위해 많은 도구를 사용한다.
- Do you play any musical _____s? 악기를 다룰 줄 아세요?

269 stage
[steidʒ]

⒨ (진행상의) 단계, 무대

- A plan can be canceled at any **stage**. 어느 단계에서도 계획은 취소될 수 있습니다.
- A famous actress came out on the _____. 유명한 한 여자배우가 무대로 나왔다.

270 gym
[dʒim]

⒨ 체육관, 헬스장

- You can play basketball in the school **gym** on a rainy day.
  비가 오는 날에는 학교 체육관에서 농구를 할 수 있습니다.
- The hotel has a _____ and a swimming pool. 그 호텔에는 헬스장과 수영장이 있다.

Check Up
정답 p.119

Ⓐ 다음 영어단어를 듣고 해당 번호를 쓰시오. 그 다음, 빈칸에 우리말을 쓰시오. 🎧45

difficult ☐	instrument ☐	nation ☐	very ☐
_____	_____	_____	_____
goal ☐	line ☐	case ☐	gym ☐
_____	_____	_____	_____

Ⓑ 다음 우리말에 해당하는 영어단어를 쓰시오.

1 (아래로) 떨어지다 _____
2 ~에 반대하여 _____
3 (정신적인) 충격 _____
4 폭이 넓은 _____
5 (진행상의) 단계 _____
6 (빛이) 밝은 _____
7 ~의 원인이 되다 _____

Review

정답 p.119

A 다음 영어단어의 우리말을 쓰시오.

1 bridge _____ 2 different _____

3 carry _____ 4 instrument _____

5 bright _____ 6 up _____

7 difficult _____ 8 case _____

9 stage _____ 10 uniform _____

11 like _____ 12 goal _____

B 우리말과 일치하도록 알맞은 영어단어를 써넣어 문장을 완성하시오.

1 The boy drew a _____ from dot to dot. 그 남자아이는 점과 점을 연결하는 <u>선</u>을 그렸다.

2 There are around 200 _____ s in the world. 세계에는 약 200개의 <u>나라</u>가 있다.

3 Water _____ s at zero degree Celsius. 물은 섭씨 0도에서 <u>언다</u>.

4 Ryan is such a _____ man! Ryan은 정말 <u>재미없는</u> 사람이야!

5 Sofia looks _____ busy now. Sofia는 지금 <u>매우</u> 바빠 보여.

6 Surprisingly, I caught a _____ fish in the lake. 뜻밖에도 나는 호수에서 <u>거대한</u> 물고기를 잡았다.

7 I'm looking for something _____ for my mom's birthday.
저는 엄마 생신 선물로 <u>특별한</u> 것을 찾고 있어요.

8 My sister always _____ s everything on me. 누나는 항상 모든 일에 나를 <u>탓한다</u>.

9 The accident _____ d a heavy traffic jam. 그 사고가 심각한 교통 체증을 <u>일으켰다</u>.

10 This room is five meters _____ . 이 방은 <u>폭이</u> 5미터이다.

C 다음 영어문장이 우리말과 일치하면 O, 그렇지 않으면 X를 쓰시오.

1 Many wild plants live in this gym. 이 지역에는 많은 야생 식물들이 살고 있다. (   )

2 Hurry up, or you will save the plane. 서둘러, 그러지 않으면 너는 비행기를 놓칠 거야. (   )

3 Many people are against the war. 많은 사람들이 전쟁에 반대한다. (   )

4 This news will shock you. 이 뉴스는 여러분을 깜짝 놀라게 할 거예요. (   )

5 The boy fell down the stairs. 그 남자아이는 계단 아래로 넘어졌다. (   )

D 다음 문장을 듣고 문장을 완성한 후, 빈칸에 쓴 영어단어의 우리말을 쓰시오. 🎧46

1 You can play basketball in the school _____ on a rainy day. ➡ ....

2 It's _____ cold outside. You should wear a coat. ➡ ....

3 His sudden death was a great _____ to his family. ➡ ....

4 John has a _____ opinion from me. ➡ ....

5 Open your mouth _____. ➡ ....

6 People are standing in _____ at the bus stop. ➡ ....

7 Our _____ is to finish the project on time. ➡ ....

8 The president will speak to the _____ at 9 a.m. ➡ ....

9 I put my camera back in its _____. ➡ ....

10 Iguanas are a _____ green color. ➡ ....

11 Can I _____ your bag? ➡ ....

12 What is the _____ of the fire? ➡ ....

13 The two teams will race _____ each other. ➡ ....

14 Do not smoke in this _____. ➡ ....

15 A plan can be canceled at any _____. ➡ ....

16 _____ the meat to use later. ➡ ....

17 The hockey players are wearing red _____s. ➡ ....

18 I _____ chocolate. I eat it almost every day. ➡ ....

19 Do you play any musical _____s? ➡ ....

20 We had a _____ party for our new teacher. ➡ ....

21 It is _____ to keep a secret. ➡ ....

22 Snowflakes are _____ing from the sky. ➡ ....

23 There are some _____s in your writing. ➡ ....

24 They _____d the driver for the car accident. ➡ ....

25 My brother _____d money to buy a new computer. ➡ ....

26 The longest _____ in the world is in China. ➡ ....

27 I'll _____ you when you leave here. ➡ ....

28 The kangaroo is jumping _____ and down. ➡ ....

29 The game sounds _____, but actually it is pretty fun. ➡ ....

30 Tyler is very tall. He looks like a _____. ➡ ....

65

271 **brush**
[brʌʃ]

명 붓, 빗자루, 빗 동 (빗질·솔질하여) 깨끗이 하다

- I need some **brushes** to paint the picture. 나는 그림을 칠할 붓이 좀 필요해.
- How many times do you _____ your teeth a day? 너는 하루에 몇 번 이를 닦니?

272 **field**
[fiːld]

명 들판

- Some farmers are working in the **field**. 몇몇 농부들이 들판에서 일을 하고 있다.
- Cows are eating grass in the _____. 젖소들이 들판에서 풀을 뜯어먹고 있다.

273 **little**
[lítl]

형 (크기가) 작은, 어린

- My grandparents live in a **little** town. 우리 할아버지, 할머니는 작은 마을에 살고 계셔.
- My family members are my dad, my mom, me, and my _____ brother. 우리 가족은 아빠, 엄마, 나, 그리고 남동생이다.

274 **war**
[wɔːr]

명 전쟁

- The two countries fought a **war** for 3 years. 그 두 나라는 3년 동안 전쟁을 했다.
- Many cities were destroyed in the _____. 전쟁으로 많은 도시들이 파괴되었다.

275 **couch**
[kautʃ]

명 긴 의자, 소파

- Three people can sit on this **couch**. 이 긴 의자에는 세 명이 앉을 수 있다.
- I enjoy lying on the _____ and watching TV. 나는 소파에 누워 TV 보는 것을 좋아한다.

276 **bake**
[beik]

동 굽다

- My mom is **baking** bread in an oven. 엄마는 오븐으로 빵을 굽고 계신다.
- _____ the cookies for 30 minutes. 30분 동안 쿠키를 구우세요.

277 **character**
[kǽriktər]

명 성격/성질, (책·영화의) 등장인물/캐릭터

- The two brothers are very different in **character**. 그 두 형제는 성격이 매우 다르다.
- I like the main _____ in the movie. 나는 그 영화의 주인공이 마음에 들어.

278 **discuss**
[diskʌ́s]

동 (~에 대해) 의견을 나누다, 논의하다   discussion 명 논의

- They will **discuss** the problem in the meeting. 그들은 회의에서 그 문제를 논의할 것이다.
- _____ your plan with your parents. 부모님과 네 계획에 대해 의논하도록 해.

279 **grow**
[grou]
grow-grew-grown

동 자라다, 성장하다   growth 명 성장

- All plants need water to **grow**. 모든 식물은 자라기 위해 물을 필요로 한다.
- I want to be a teacher when I _____ up. 나는 커서 선생님이 되고 싶어.

280 **nature**
[néitʃər]

명 자연

- Spending time in **nature** is good for your health. 자연에서 시간을 보내는 것은 건강에 좋다.
- Humans cannot live without _____. 인간은 자연 없이 살 수 없다.

281 show
[ʃou]

동 보여 주다
- Owen **showed** his family picture to me. Owen은 나에게 가족 사진을 보여 줬다.
- I'll ⬚⬚⬚ you how to play the piano. 내가 피아노 치는 법을 보여 줄게.

282 castle
[kǽsl]

명 성
- You can see many old **castles** in France. 프랑스에서는 오래된 성을 많이 볼 수 있다.
- A beautiful queen was living in the ⬚⬚⬚. 그 성에는 아름다운 여왕이 살고 있었다.

283 island
[áilənd]

명 섬
- Japan is made up of many **islands**. 일본은 많은 섬으로 이루어져 있다.
- The ⬚⬚⬚ is far away from the land. 그 섬은 육지에서 멀리 떨어져 있다.

284 station
[stéiʃən]

명 역, 정류장
- Where is the nearest subway **station**? 가장 가까운 지하철 역이 어디인가요?
- The train will leave the ⬚⬚⬚ soon. 기차가 곧 역에서 출발할 것이다.

285 huge
[hjuːdʒ]

형 (크기·양·정도가) 엄청난
- The store is having a **huge** sale on everything.
  그 가게는 모든 물건에 대해 엄청난 할인을 하고 있다.
- There is a ⬚⬚⬚ hole in the ground. 땅에 매우 큰 구멍이 나 있다.

Check Up

정답 p.120

A 다음 영어단어를 듣고 해당 번호를 쓰시오. 그 다음, 빈칸에 우리말을 쓰시오. 🎧48

castle ☐	couch ☐	grow ☐	character ☐
_____	_____	_____	_____
huge ☐	station ☐	island ☐	discuss ☐
_____	_____	_____	_____

B 다음 우리말에 해당하는 영어단어를 쓰시오.

1 자연 _____ 2 굽다 _____

3 보여 주다 _____ 4 들판 _____

5 (크기가) 작은 _____ 6 전쟁 _____

7 붓 _____

286	**build** [bild] build-built-built	동 (건물 등을) 짓다, 만들다 • They are **building** a new shopping mall. 그들은 새로운 쇼핑몰을 짓고 있다. • Some birds _____ their nests in trees. 몇몇 새들은 나무에 둥지를 짓는다.
287	**fight** [fait] fight-fought-fought	동 싸우다 • Don't **fight** with your brother or sister. 형제나 자매와 싸우지 마. • Soldiers _____ for their country. 군인들은 나라를 위해 싸운다.
288	**live** [liːv]	동 살다/거주하다, 살아 있다/생존하다 • Kangaroos **live** only in Australia. 캥거루는 호주에서만 산다. • Allen _____ d for a week after the accident. Allen은 사고 이후 일주일간 생존했다.
289	**way** [wei]	명 (어떤 곳으로 향하는) 길/코스, 방법 • Which **way** is it to the National Museum? 국립 박물관으로 가는 길이 어디인가요? • What's the best _____ to cook a steak? 스테이크를 굽는 가장 좋은 방법은 뭐니?
290	**furniture** [fə́ːrnitʃər]	명 가구 • Do I need new **furniture** for my room? 나의 방에 새 가구가 필요할까? • Let's move all the _____ to the new house. 새 집으로 모든 가구를 옮기자.
291	**base** [beis]	명 (무언가의) 맨 아래 부분/바닥 • The **base** of the building is concrete. 그 건물의 바닥은 콘크리트로 되어 있다. • This glass vase has a heavy _____. 이 유리 꽃병은 아래가 무겁다.
292	**sure** [ʃuər]	형 확신하는, 틀림없는 • I'm **sure** Chloe will come tonight. 나는 Chloe가 오늘밤에 올 거라고 확신해. • Are you _____ that you set the alarm? 알람을 맞췄다고 확신하니?
293	**divide** [diváid]	동 나누다, 쪼개다 • **Divide** the cake into six pieces. 케이크를 여섯 조각으로 나눠. • We can _____ time into hours, minutes, and seconds. 시간은 시, 분, 초로 나눌 수 있다.
294	**guide** [gaid]	명 안내(서), (여행) 가이드 동 길 안내를 하다 • I'm reading a travel **guide** for my next trip. 나는 다음 여행을 위해 여행 안내서를 읽고 있다. • I _____ d him to Ms. White's office. 나는 그 남자를 White 씨의 사무실로 안내했다.
295	**never** [névər]	부 한 번도 ~않다, 절대 ~않다 • Daniel **never** breaks his promise. Daniel은 절대로 자신의 약속을 어기지 않는다. • I have _____ seen a dolphin. 나는 돌고래를 실제로 본 적이 없다.

296 **shy**
[ʃai]

형 수줍어하는, 부끄럼을 타는

• Jessica is a **shy** but brave girl. Jessica는 수줍음이 많지만 용감한 여자아이다.
• Don't be _____; just give it a try. 부끄러워하지 말고 그냥 한번 해 봐.

---

297 **chat**
[tʃæt]

동 수다를 떨다, (인터넷으로) 채팅하다

• My dad is **chatting** with someone on the phone.
아빠는 전화로 누군가와 이야기를 하고 계신다.
• I _____ted with my friends online last night.
나는 어젯밤에 친구들과 온라인 채팅을 했다.

---

298 **jail**
[dʒeil]

명 감옥

• The robber was sent to **jail**. 그 도둑은 감옥으로 보내졌다.
• The criminal spent 10 years in _____. 그 범죄자는 감옥에서 10년을 보냈다.

---

299 **step**
[step]

명 걸음 동 걸음을 옮기다, 내딛다

• I took a **step** back. 나는 한 걸음 뒤로 물러섰다.
• Be careful not to _____ in the puddle. 물 웅덩이를 밟지 않도록 조심해.

---

300 **insect**
[ínsekt]

명 곤충

• I like collecting **insects** as a hobby. 나는 취미로 곤충 채집하는 것을 좋아한다.
• Like other _____s, butterflies have six legs.
다른 곤충들처럼 나비도 6개의 다리를 갖고 있다.

Check Up

정답 p.120

A 다음 영어단어를 듣고 해당 번호를 쓰시오. 그 다음, 빈칸에 우리말을 쓰시오. 🎧50

furniture ☐	shy ☐	divide ☐	build ☐
_____	_____	_____	_____
sure ☐	way ☐	fight ☐	insect ☐
_____	_____	_____	_____

B 다음 우리말에 해당하는 영어단어를 쓰시오.

1 감옥 _____ 2 수다를 떨다 _____

3 한 번도 ~않다 _____ 4 (무언가의) 맨 아래 부분 _____

5 살다 _____ 6 걸음 _____

7 안내(서) _____

정답 p.120

A 다음 영어단어의 우리말을 쓰시오.

1 war _____

2 fight _____

3 nature _____

4 brush _____

5 castle _____

6 island _____

7 furniture _____

8 divide _____

9 little _____

10 chat _____

11 field _____

12 insect _____

B 우리말과 일치하도록 알맞은 영어단어를 써넣어 문장을 완성하시오.

1 The _____ of the building is concrete. 그 건물의 바닥은 콘크리트로 되어 있다.

2 I _____d him to Ms. White's office. 나는 그 남자를 White 씨의 사무실로 안내했다.

3 Three people can sit on this _____. 이 긴 의자에는 세 명이 앉을 수 있다.

4 Daniel _____ breaks his promise. Daniel은 절대로 자신의 약속을 어기지 않는다.

5 Jessica is a _____ but brave girl. Jessica는 수줍음이 많지만 용감한 여자아이다.

6 All plants need water to _____. 모든 식물은 자라기 위해 물을 필요로 한다.

7 Which _____ is it to the National Museum? 국립 박물관으로 가는 길이 어디인가요?

8 The train will leave the _____ soon. 기차가 곧 역에서 출발할 것이다.

9 The two brothers are very different in _____. 그 두 형제는 성격이 매우 다르다.

10 Some birds _____ their nests in trees. 몇몇 새들은 나무에 둥지를 짓는다.

C 다음 영어문장이 우리말과 일치하면 O, 그렇지 않으면 X를 쓰시오.

1 Some farmers are working in the jail. 몇몇 농부들이 들판에서 일을 하고 있다. (   )

2 There is a huge hole in the ground. 땅에 매우 큰 구멍이 나 있다. (   )

3 They will show the problem in the meeting. 그들은 회의에서 그 문제를 논의할 것이다. (   )

4 I'm sure Chloe will come tonight. 나는 Chloe가 오늘밤에 올 거라고 확신해. (   )

5 My mom is baking bread in an oven. 엄마는 오븐으로 빵을 굽고 계신다. (   )

D 다음 문장을 듣고 문장을 완성한 후, 빈칸에 쓴 영어단어의 우리말을 쓰시오. 🎧51

1 I like collecting _____s as a hobby. ➡ ....

2 The store is having a _____ sale on everything. ➡ ....

3 My grandparents live in a _____ town. ➡ ....

4 I have _____ seen a dolphin. ➡ ....

5 The two countries fought a _____ for 3 years. ➡ ....

6 _____ the cake into six pieces. ➡ ....

7 I need some _____es to paint the picture. ➡ ....

8 _____ the cookies for 30 minutes. ➡ ....

9 Cows are eating grass in the _____. ➡ ....

10 The robber was sent to _____. ➡ ....

11 I enjoy lying on the _____ and watching TV. ➡ ....

12 Soldiers _____ for their country. ➡ ....

13 Are you _____ that you set the alarm? ➡ ....

14 You can see many old _____s in France. ➡ ....

15 I took a _____ back. ➡ ....

16 Japan is made up of many _____s. ➡ ....

17 Where is the nearest subway _____? ➡ ....

18 Kangaroos _____ only in Australia. ➡ ....

19 Don't be _____; just give it a try. ➡ ....

20 Spending time in _____ is good for your health. ➡ ....

21 This glass vase has a heavy _____. ➡ ....

22 I like the main _____ in the movie. ➡ ....

23 _____ your plan with your parents. ➡ ....

24 I'm reading a travel _____ for my next trip. ➡ ....

25 My dad is _____ting with someone on the phone. ➡ ....

26 What's the best _____ to cook a steak? ➡ ....

27 I'll _____ you how to play the piano. ➡ ....

28 I want to be a teacher when I _____ up. ➡ ....

29 Let's move all the _____ to the new house. ➡ ....

30 They are _____ing a new shopping mall. ➡ ....

71

Ⓐ 영어단어는 우리말로, 우리말은 영어단어로 바꿔 쓰시오.

1 rice	→	26 ~이 되다	→
2 agree	→	27 한 시간	→
3 divide	→	28 숲	→
4 peace	→	29 목소리	→
5 cage	→	30 차분한	→
6 dangerous	→	31 절반	→
7 leave	→	32 휴일	→
8 alone	→	33 바위	→
9 brain	→	34 영원히	→
10 east	→	35 (있던 곳에서) 치우다	→
11 top	→	36 (액체류가) 끓다	→
12 easy	→	37 고향	→
13 promise	→	38 깨다	→
14 thin	→	39 땅	→
15 already	→	40 두려워하는	→
16 error	→	41 (빛이) 밝은	→
17 area	→	42 (아래로) 떨어지다	→
18 miss	→	43 매우 싫어하다	→
19 line	→	44 ~가 발생하게 하다	→
20 nation	→	45 (좋지 않은 상황에서) 구해 내다	→
21 field	→	46 자라다	→
22 show	→	47 섞다	→
23 shy	→	48 굽다	→
24 nature	→	49 가구	→
25 build	→	50 확신하는	→

B 우리말과 일치하도록 알맞은 영어단어를 써넣어 문장을 완성하시오.

1 The exit is at the _____ end of the building. 비상구는 건물의 남쪽 끝에 있다.

2 Jane _____ed her name on the contract. Jane은 계약서에 이름을 서명했다.

3 I think we should leave now. Do you _____? 우리는 지금 떠나야 된다고 생각해. 너도 동의하니?

4 The children arrived at school _____ in time. 아이들은 딱 정각에 학교에 도착했다.

5 Two years ago, a robbery _____ed at that bank. 2년 전, 그 은행에서 강도 사건이 일어났다.

6 What _____ did you fly with? 어떤 항공사를 이용했니?

7 Nick is not here, but he will come back _____. Nick은 여기에 없지만, 곧 돌아올 것이다.

8 The Internet is causing many _____ problems. 인터넷은 여러 가지 사회적 문제들을 일으키고 있다.

9 How did the movie _____? 그 영화는 어떻게 끝이 났니?

10 Somebody threw a _____ through our window. 누가 우리 창문에 돌을 던졌다.

11 My sister keeps a _____ every day. 우리 누나는 매일 일기를 쓴다.

12 You can use Ben's phone. He doesn't _____. Ben의 전화기를 써도 돼. 그는 신경 쓰지 않아.

13 Many Americans _____ baseball. 많은 미국 사람들이 야구를 좋아한다.

14 The show was very _____ to me. 그 쇼는 내게 매우 지루했어.

15 My dad gave me a _____ gift on my birthday. 내 생일 날, 아빠는 나에게 특별한 선물을 주셨다.

16 The question is _____ to answer. 대답하기에 어려운 질문이네요.

17 The _____ girl is my younger sister. 그 작은 여자아이가 내 여동생이야.

18 There are _____ buildings in the center of the city. 시내 중심가에는 거대한 건물들이 있다.

19 My grandparents _____ in Toronto. 우리 할아버지, 할머니는 토론토에 살고 계셔.

20 The _____ of Busan is warmer than that of Seoul. 부산의 기후는 서울보다 따뜻하다.

21 The tour _____ speaks three languages. 그 여행 가이드는 3개 언어를 말한다.

22 This work is done. Let's move onto the next _____. 이 일은 끝났어. 다음 단계로 넘어가자.

23 The baby twins look very _____. 그 쌍둥이 아기들은 매우 닮았다.

24 The post office is three _____s away. 우체국은 세 블록 떨어져 있다.

25 I wish you happiness and _____ for New Year. 새해에는 행복과 기쁨이 함께 하기를 바랍니다.

다음 문장에 들어갈 알맞은 단어를 고르시오.

1 I need some [rocks / brushes / bowls] to paint the picture.

2 Don't [fight / chat / show] with your brother or sister.

3 Lauren [blocked / bent / landed] over and picked up the flower.

4 Water [dries / builds / freezes] at zero degree Celsius.

5 The robber was sent to [jail / castle / hometown].

6 There is an island in the [middle / area / half] of the sea.

7 The kangaroo is jumping [very / soon / up] and down.

8 The longest [bridge / stone / lake] in the world is in China.

9 Turn off the [case / light / luck] when you leave the office.

10 This dark chocolate tastes very [round / bitter / easy].

11 Sometimes I forget to lock the [gate / instrument / figure].

12 Some people are walking [along / like / against] the beach.

13 Are you [familiar / dangerous / certain] with Indian food?

14 Many small fish live in the [lake / forest / land].

15 I [forgot / became / shocked] Mr. Graham's phone number.

16 Most coins are [rich / round / giant].

17 I'm going to the post office to [mail / gather / choose] a letter.

18 What is the [cycle / distance / base] from Seoul to Jeju?

19 You have to [return / forget / miss] this book by Saturday.

20 The noise makes me so [mad / difficult / calm].

21 The [customer / station / crowd] paid with a credit card.

22 I heard a strange [line / sound / gesture] outside my house.

23 Annie climbed [forever / ahead / down] from the mountain.

24 We [marry / expect / leave] to win the game.

25 There is some water in the [line / fact / bottle].

D 다음 단어의 바뀐 품사를 [보기]에서 찾아 빈칸에 쓰고, 그 단어의 우리말을 쓰시오.

[보기]	solution	careful	healthy	marriage	width
	difference	safety	discussion	fault	skillful
	decision	choice	growth	joyful	memorize

1 동 solve → 명 _____ ➡ ....

2 명 care → 형 _____ ➡ ....

3 동 choose → 명 _____ ➡ ....

4 명 joy → 형 _____ ➡ ....

5 동 marry → 명 _____ ➡ ....

6 명 health → 형 _____ ➡ ....

7 형 wide → 명 _____ ➡ ....

8 동 grow → 명 _____ ➡ ....

9 명 memory → 동 _____ ➡ ....

10 동 discuss → 명 _____ ➡ ....

11 형 different → 명 _____ ➡ ....

12 명 skill → 형 _____ ➡ ....

13 동 decide → 명 _____ ➡ ....

14 형 safe → 명 _____ ➡ ....

15 형 false → 명 _____ ➡ ....

✚ TIP

사람의 체형을 표현하는 형용사에 대해 알아 볼까요? skinny와 slim은 둘 다 '마른'이라는 뜻을 가지고 있지만 skinny는 '보기 흉할 정도로 말랐다'는 의미로, '보기 좋게 날씬하다'는 의미의 slim 보다는 조금 부정적일 수 있습니다. 반대로, fat은 '살이 쪄서 뚱뚱하다'는 의미로 부정적인 느낌을, chubby는 '통통하다'는 의미로 긍정적인 느낌을 내포하고 있답니다.

☆ skinny — 삐쩍 마른   ☆ thin — 좀 마른   ☆ slim — 날씬한   ☆ chubby — 통통한   ☆ fat — 뚱뚱한

---

301 button
[bʌ́tən]

명 단추, (기계 등의) 버튼
- A **button** on the shirt is missing. 셔츠의 단추 하나가 떨어졌다.
- Press the _____ to start the game. 게임을 시작하려면 버튼을 누르세요.

---

302 fire
[fáiər]

명 불
- A small **fire** can make lots of smoke. 작은 불도 많은 연기를 낼 수 있다.
- The little boy started a _____ with matches. 어린 남자아이가 성냥으로 불을 냈다.

---

303 low
[lou]

형 (높이가) 낮은, (양·가치 등이) 적은
- This chair is too **low** for me. 이 의자는 나에게 너무 낮다.
- This camera is popular because of its _____ price.
이 카메라는 가격이 저렴해서 인기가 있다.

---

304 west
[west]

명 서쪽
- The sun sets in the **west**. 해는 서쪽으로 진다.
- China is to the _____ of Korea. 중국은 한국의 서쪽에 있다.

---

305 goat
[gout]

명 염소
- This soft cheese is made from **goat**'s milk. 이 부드러운 치즈는 염소 우유로 만들어졌다.
- Like sheep, _____ s have a pair of horns. 양과 마찬가지로 염소도 한 쌍의 뿔이 있다.

---

306 win
[win]
win-won-won

동 (경쟁에서) 이기다, (이겨서 상으로) 얻다   winner 명 우승자, 승리자
- I'm sure our team will **win** the game. 나는 우리 팀이 그 경기를 이길 거라고 확신해.
- Jane _____ a gold medal at the Olympics. Jane는 올림픽에서 금메달을 땄다.

---

307 chain
[tʃein]

명 사슬, (목걸이·팔찌의) 줄/체인
- The man sometimes keeps his dog on a **chain**. 그 남자는 때때로 개를 사슬로 묶어 둔다.
- I'm wearing a silver _____ around my neck. 나는 은 목걸이를 착용하고 있다.

---

308 double
[dʌ́bl]

형 (똑같거나 비슷한 것이) 두 개로 된, (수·양이) 두 배의
- Go through the **double** doors on your right. 오른쪽에 있는 이중문을 통과해서 가세요.
- Your room is _____ the size of mine. 네 방은 내 방의 두 배 크기야.

---

309 habit
[hǽbit]

명 습관, 버릇
- Running every day is a good **habit**. 매일 달리는 것은 좋은 습관이다.
- Changing a bad _____ is never easy. 나쁜 버릇을 바꾸는 것은 결코 쉽지 않다.

---

310 newspaper
[njúːzpèipər]

명 신문
- My dad reads a **newspaper** every morning. 아빠는 아침마다 신문을 보신다.
- A man is delivering _____ s. 한 남자가 신문을 배달 중이다.

311 side
[said]
명 (한) 쪽, 옆/측면
- The pictures are on the left **side** of the wall. 그 그림들은 벽 왼쪽에 있습니다.
- Put the label on the _____ of the box. 상자의 옆면에 라벨을 붙이시오.

312 journey
[dʒə́ːrni]
명 (장거리) 여행, 이동
- Carter will make a **journey** around the world. Carter는 세계 여행을 할 것이다.
- Stella was very tired from the long _____ . Stella는 오랜 이동으로 매우 피곤해했다.

313 express
[iksprés]
동 (생각이나 느낌을 말·글·표정·동작으로) 나타내다, 표현하다   expression 명 표현
- The actor **expressed** his feelings through gestures.
  그 배우는 몸짓으로 자신의 감정을 표현했다.
- _____ your opinions clearly at the interview. 면접에서는 생각을 명확히 표현하세요.

314 straw
[strɔː]
명 짚/밀짚, 빨대
- A **straw** hat is good to wear in hot weather. 밀짚 모자는 날씨가 더울 때 쓰기에 좋다.
- The girl is drinking the juice through a _____ . 여자아이는 빨대로 주스를 마시고 있다.

315 battery
[bǽtəri]
명 건전지, 배터리
- The remote control does not work. It needs new **batteries**.
  리모컨이 작동하지 않아. 새 건전지가 필요해.
- Recharge the _____ when the red light is on. 빨간 불이 켜지면 배터리를 충전하세요.

Check Up

정답 p.121

A 다음 영어단어를 듣고 해당 번호를 쓰시오. 그 다음, 빈칸에 우리말을 쓰시오. 🎧53

button ☐	double ☐	journey ☐	fire ☐
_____	_____	_____	_____
straw ☐	newspaper ☐	goat ☐	express ☐
_____	_____	_____	_____

B 다음 우리말에 해당하는 영어단어를 쓰시오.

1 (경쟁에서) 이기다 _____   2 (한) 쪽 _____

3 (높이가) 낮은 _____   4 습관 _____

5 사슴 _____   6 서쪽 _____

7 건전지 _____

316 calendar
[kǽləndər]

명 달력

- It's a new year. We need a new **calendar**. 새해가 되었어. 새 달력이 필요해.
- Anna marked her birthday on the _____. Anna는 자신의 생일을 달력에 표시해 두었다.

317 correct
[kərékt]

형 정확한, 맞는

- Your password is not **correct**. Please try again. 암호가 맞지 않습니다. 다시 시도해 주세요.
- Choose the _____ answer to the question. 그 문제의 정답을 고르시오.

318 pork
[pɔːrk]

명 돼지고기

- The Chinese like **pork** better than beef. 중국 사람들은 소고기보다 돼지고기를 더 좋아한다.
- The sausage is made with _____. 그 소시지는 돼지고기로 만들어졌다.

319 communicate
[kəmjúːnəkèit]

동 의사소통하다   communication 명 의사소통

- You can **communicate** with me by e-mail. 이메일로 저와 연락을 주고받을 수 있어요.
- Some animals use sound to _____. 소리를 이용하여 의사소통을 하는 동물들도 있다.

320 hide
[haid]
hide-hid-hidden

동 숨기다, 숨다

- Mia's friends **hid** the gift in her locker to surprise her.
  Mia의 친구들은 그녀를 깜짝 놀라게 해 주려고 사물함에 선물을 숨겼다.
- Some animals _____ when they are in danger. 어떤 동물들은 위험에 처하면 숨는다.

321 battle
[bǽtl]

명 전투

- Thousands of soldiers died in the **battle**. 수천 명의 군인들이 그 전투에서 사망했다.
- Who won the _____ of Waterloo? 워털루 전쟁은 누가 승리했니?

322 chance
[tʃæns]

명 기회, (어떤 일이 일어날) 가능성

- Give me a **chance** to explain everything. 모든 걸 설명할 수 있게 나에게 기회를 줘.
- There is only a small _____ of rain today. 오늘 비가 올 확률은 매우 낮다.

323 drive
[draiv]
drive-drove-driven

동 운전하다

- My dad usually **drives** a car to work. 아빠는 주로 차를 몰고 출근하신다.
- Do not _____ after drinking alcohol. 음주 후에는 운전을 하지 마시오.

324 hang
[hæŋ]
hang-hung-hung

동 걸다, 매달다

- Please **hang** your coat on the hanger. 코트는 옷걸이에 걸어 주세요.
- My mom is _____ing a picture on the wall. 엄마는 벽에 사진을 걸고 계신다.

325 note
[nout]

명 메모, 필기

- Mom left a **note** on the table. 엄마는 탁자 위에 메모를 남기셨다.
- How about taking _____s in class? 수업 시간에 필기를 하는 것이 어때?

326 skin
[skin]

(명) 피부, 가죽

- Sunscreen will protect your **skin** from damage. 자외선 차단제가 피부 손상을 막아줄 것이다.
- Crocodile _____ can be used for handbags.
  악어 가죽은 핸드백을 만드는 데 사용되기도 한다.

327 flag
[flæg]

(명) 국기, 깃발

- Every nation has its own **flag**. 모든 국가는 자신만의 국기를 갖고 있다.
- When the _____ goes down, the race will begin.
  깃발이 아래로 내려가면 경주가 시작될 것이다.

328 awake
[əwéik]

(형) 깨어 있는

- Zoey stayed **awake** last night to do her homework. Zoey는 어젯밤에 숙제를 하느라 깨어 있었다.
- I tried to stay _____, but I fell asleep. 나는 깨어있으려고 했지만 잠들어 버렸다.

329 subject
[sʌ́bdʒikt]

(명) 주제, 과목

- Don't talk about this anymore. Let's change the **subject**.
  더 이상 이것에 대해 얘기하지 마. 주제를 바꾸자.
- Math is my favorite _____. 수학은 내가 가장 좋아하는 과목이다.

330 novel
[návəl]

(명) 소설

- I used to like fantasy **novels**. 나는 판타지 소설을 좋아했었다.
- The ending of the _____ was disappointing. 그 소설의 결말은 실망스러웠다.

Check Up

정답 p.122

Ⓐ 다음 영어단어를 듣고 해당 번호를 쓰시오. 그 다음, 빈칸에 우리말을 쓰시오. 🎧55

subject ☐	note ☐	hide ☐	novel ☐
_____	_____	_____	_____
calendar ☐	drive ☐	correct ☐	chance ☐
_____	_____	_____	_____

Ⓑ 다음 우리말에 해당하는 영어단어를 쓰시오.

1 돼지고기	_____	2 전투	_____
3 걸다	_____	4 깨어 있는	_____
5 깃발	_____	6 의사소통하다	_____
7 피부	_____		

정답 p.122

A 다음 영어단어의 우리말을 쓰시오.

1 newspaper _____ 2 correct _____

3 hang _____ 4 west _____

5 battery _____ 6 subject _____

7 novel _____ 8 battle _____

9 skin _____ 10 journey _____

11 flag _____ 12 hide _____

B 우리말과 일치하도록 알맞은 영어단어를 써넣어 문장을 완성하시오.

1 Anna marked her birthday on the _____. Anna은 자신의 생일을 달력에 표시해 두었다.

2 A _____ hat is good to wear in hot weather. 밀짚 모자는 날씨가 더울 때 쓰기에 좋다.

3 The man sometimes keeps his dog on a _____. 그 남자는 때때로 개를 사슬로 묶어 둔다.

4 This chair is too _____ for me. 이 의자는 나에게 너무 낮다.

5 Changing a bad _____ is never easy. 나쁜 버릇을 바꾸는 것은 결코 쉽지 않다.

6 Give me a _____ to explain everything. 모든 걸 설명할 수 있게 나에게 기회를 줘.

7 Do not _____ after drinking alcohol. 음주 후에는 운전을 하지 마시오.

8 Zoey stayed _____ last night to do her homework. Zoey는 어젯밤에 숙제를 하느라 깨어 있었다.

9 A small _____ can make lots of smoke. 작은 불도 많은 연기를 낼 수 있다.

10 Put the label on the _____ of the box. 상자의 옆면에 라벨을 붙이시오.

C 다음 영어문장이 우리말과 일치하면 O, 그렇지 않으면 X를 쓰시오.

1 Press the button to start the game. 게임을 시작하려면 버튼을 누르세요. (   )

2 The sausage is made with goat. 그 소시지는 돼지고기로 만들어졌다. (   )

3 Express your opinions clearly at the interview. 면접에서는 생각을 명확히 표현하세요. (   )

4 Go through the double doors on your right. 오른쪽에 있는 이중문을 통과해서 가세요. (   )

5 Some animals use sound to win. 소리를 이용하여 의사소통을 하는 동물들도 있다. (   )

D 다음 문장을 듣고 문장을 완성한 후, 빈칸에 쓴 영어단어의 우리말을 쓰시오. 🎧56

1 The sun sets in the _____ . → ....

2 Every nation has its own _____ . → ....

3 There is only a small _____ of rain today. → ....

4 My dad usually _____ s a car to work. → ....

5 Math is my favorite _____ . → ....

6 I used to like fantasy _____ s. → ....

7 Sunscreen will protect your _____ from damage. → ....

8 Carter will make a _____ around the world. → ....

9 Your room is _____ the size of mine. → ....

10 Recharge the _____ when the red light is on. → ....

11 You can _____ with me by e-mail. → ....

12 Some animals _____ when they are in danger. → ....

13 I tried to stay _____ , but I fell asleep. → ....

14 How about taking _____ s in class? → ....

15 The pictures are on the left _____ of the wall. → ....

16 This soft cheese is made from _____ 's milk. → ....

17 It's a new year. We need a new _____ . → ....

18 Your password is not _____ . Please try again. → ....

19 I'm wearing a silver _____ around my neck. → ....

20 The little boy started a _____ with matches. → ....

21 A man is delivering _____ s. → ....

22 I'm sure our team will _____ the game. → ....

23 Running every day is a good _____ . → ....

24 This camera is popular because of its _____ price. → ....

25 The Chinese like _____ better than beef. → ....

26 The actor _____ ed his feelings through gestures. → ....

27 Thousands of soldiers died in the _____ . → ....

28 Please _____ your coat on the hanger. → ....

29 A _____ on the shirt is missing. → ....

30 The girl is drinking the juice through a _____ . → ....

331	**call** [kɔːl]	동 전화하다, ~라고 부르다

• I'll **call** you back tomorrow. 내일 다시 전화할게.
• Jake always wears a blue T-shirt, so we   him Mr. Blue.
  Jake는 항상 파란 티셔츠를 입어서 우리는 그를 Mr. Blue라고 부른다.

332	**floor** [flɔːr]	명 바닥, (건물의) 층

• The baby spilled milk on the **floor**. 아기가 바닥에 우유를 흘렸다.
• The bookstore is located on the second   . 서점은 2층에 위치해 있다.

333	**move** [muːv]	동 움직이다, 이사하다 movement 명 움직임

• Don't **move**. There is a snake right next to you. 움직이지 마. 너 바로 옆에 뱀 한 마리가 있어.
• We will   to another city next month. 우리는 다음 달에 다른 도시로 이사할 거야.

334	**with** [wið]	전 ~와 함께, ~을 가진, ~을 사용하여

• Adam lives **with** his grandmother. Adam은 할머니와 함께 살고 있다.
• I like the red pants   pockets. 나는 주머니가 있는 저 빨간 바지가 맘에 들어.

335	**jog** [dʒɑg]	동 조깅하다

• Oliver **jogs** every morning. Oliver는 아침마다 달린다.
•   ging is good exercise for losing weight.
  달리기는 체중을 감량하기에 좋은 운동이다.

336	**bear** [bɛər] bear-bore-born	명 곰 동 (힘든 상황을) 참고 견디다, (새끼를) 낳다

• I can't **bear** the pain any more. 나는 더 이상 고통을 참기 힘들다.
• Most animals   their babies in the spring. 대부분의 동물들이 봄에 새끼를 낳는다.

337	**change** [tʃeindʒ]	동 바꾸다, 바뀌다 명 변화

• I want to **change** my hair style. 헤어 스타일을 바꾸고 싶어.
• There was a sudden   in the weather. 날씨에 갑작스러운 변화가 있었다.

338	**drop** [drɑp]	동 떨어뜨리다, 떨어지다

• The woman **dropped** her keys on the ground. 그 여자는 열쇠를 땅에 떨어뜨렸다.
• The temperature suddenly   ped. 기온이 갑자기 떨어졌다.

339	**hard** [hɑːrd]	형 단단한, 딱딱한, 어려운 부 열심히

• I felt uncomfortable in the **hard** chair. 나는 딱딱한 의자에 앉아 있는 것이 불편했다.
• Study   and play hard. 열심히 공부하고 열심히 놀아라.

340	**thing** [θiŋ]	명 (사물·상황·행동 등을 가리키는) 것, 물건

• I have many **things** to do today. 나는 오늘 할 일이 많다.
• Pack your   s. We're leaving. 네 물건들을 챙겨. 우리는 곧 떠날 거야.

341 speed
[spiːd]

(명) 속도
- The pitcher can throw the ball at a very high **speed**. 그 투수는 매우 빠른 속도로 공을 던진다.
- The _____ limit on this road is 60 miles per hour.
  이 도로의 제한 속도는 시속 60마일이다.

342 cough
[kɔ(ː)f]

(동) 기침하다 (명) 기침
- The dust made us **cough**. 먼지 때문에 우리는 기침을 했다.
- Nick has a cold and a _____. Nick은 감기에 걸려 기침을 한다.

343 lend
[lend]
lend-lent-lent

(동) (돈·물건 등을) 빌려주다
- Okay, I'll **lend** you the money. 알았어, 내가 그 돈을 빌려줄게.
- Can you _____ me your bike? 네 자전거를 빌려줄 수 있겠니?

344 certain
[sə́ːrtən]

(형) 확신하는
- I feel **certain** that they are right. 나는 그들이 옳다고 확신해.
- It is _____ that the boy is a liar. 그 남자아이가 거짓말쟁이라는 것은 틀림없어.

345 nowadays
[náuədèiz]

(부) 요즘에는
- **Nowadays**, many people enjoy blogging. 요즘에는 많은 사람들이 블로그 하는 것을 즐긴다.
- The air pollution is getting worse _____. 요즘 대기오염은 갈수록 더 심해지고 있다.

Check Up

정답 p.122

A 다음 영어단어를 듣고 해당 번호를 쓰시오. 그 다음, 빈칸에 우리말을 쓰시오. 58

jog ☐	floor ☐	cough ☐	nowadays ☐
_____	_____	_____	_____
move ☐	bear ☐	thing ☐	change ☐
_____	_____	_____	_____

B 다음 우리말에 해당하는 영어단어를 쓰시오.

1 떨어뜨리다 _____ 2 확신하는 _____

3 ~와 함께 _____ 4 속도 _____

5 (돈·물건 등을) 빌려주다 _____ 6 단단한 _____

7 전화하다 _____

346	**cash** [kæʃ]	몡 현금

- You can pay with **cash** or credit card at the store. 가게에서 현금이나 신용카드로 계산할 수 있다.
- How much ▨▨▨▨▨ do you have now? 너는 지금 얼마의 현금을 갖고 있니?

347	**fog** [fɔ(ː)g]	몡 안개	foggy 휑 안개가 낀

- London is famous for its **fog**. 런던은 안개로 유명하다.
- All the flights are canceled because of heavy ▨▨▨▨▨ .
  짙은 안개 때문에 모든 항공편이 결항되었다.

348	**near** [niər]	젠 ~에서 가까이 휜 가까이 휑 가까운

- Is there a bank **near** this hotel? 이 호텔 근처에 은행이 있나요?
- The ▨▨▨▨▨est bank is 200 meters away. 가장 가까운 은행은 200미터 떨어져 있어요.

349	**cheer** [tʃiər]	툉 환호하다/함성을 지르다, 힘이 나게 하다	cheerful 휑 힘이 나게 하는

- The fans **cheered** when the band showed up. 그 밴드가 등장하자 팬들은 환호했다.
- People are ▨▨▨▨▨ing for their team. 사람들이 자신의 팀을 응원하고 있다.

350	**lamb** [læm]	몡 (어린) 양

- Several **lambs** are running around in the field. 양 몇 마리가 들판을 뛰어다니고 있다.
- In the Middle East, ▨▨▨▨▨ is a popular meat. 중동에서는 양고기가 인기 있다.

351	**believe** [bilíːv]	툉 (어떤 사실이나 사람을) 믿다	belief 몡 믿음

- The story is hard to **believe**, but it is true. 그 이야기는 믿기 힘들겠지만 사실이야.
- Blair said he didn't lie. I ▨▨▨▨▨ him. Blair는 거짓말하지 않았다고 말했어. 나는 그를 믿어.

352	**business** [bíznis]	몡 사업, 장사	on business 사업상의 이유로, 업무상

- Ms. Lee started her own **business** last year. Lee 씨는 작년에 자신의 사업을 시작했다.
- My dad is traveling on ▨▨▨▨▨ to Istanbul. 아빠는 이스탄불에 출장 중이시다.

353	**during** [djú(ː)əriŋ]	젠 (특정 기간의) ~동안

- I'll be in Germany **during** my vacation. 나는 방학 동안 독일에 있을 거야.
- They often go skiing ▨▨▨▨▨ the winter. 그들은 겨울에 종종 스키를 타러 간다.

354	**heat** [hiːt]	몡 열, 열기 툉 (열을 가하여) 뜨겁게 하다

- Close the blinds to block the **heat** and sunlight. 열기와 햇빛을 막으려면 블라인드를 치세요.
- ▨▨▨▨▨ the oil in the pan for two minutes. 2분 동안 팬에서 기름을 가열하세요.

355	**ocean** [óuʃən]	몡 바다, 해양

- The Pacific **Ocean** is the largest of the five oceans. 태평양은 오대양 중에 가장 크다.
- The water in the ▨▨▨▨▨ is always moving. 바닷물은 항상 움직인다.

356 stay
[stei]

(동) (한 곳에) 머무르다, (어떠한 상태를) 유지하다
- This weekend, I'll **stay** at home and do nothing.
  이번 주말에는 집에 머물면서 아무것도 하지 않을 거야.
- Jordan   ed quiet for a moment. Jordan은 잠시 동안 조용히 있었다.

357 crash
[kræʃ]

(동) 충돌하다, 부딪치다   (명) 충돌 사고
- Two trains **crashed** into each other yesterday. 어제 두 대의 열차가 서로 충돌했다.
- A couple of people died in the car   . 자동차 충돌 사고로 두 명이 사망했다.

358 lose
[luːz]
lose-lost-lost

(동) (가지고 있던 것을) 잃다/분실하다, (경쟁에서) 지다
- The family **lost** everything in the fire. 그 가족은 화재로 모든 것을 잃었다.
- The players did their best, but they   the game.
  선수들은 최선을 다했지만, 경기에서 졌다.

359 surprise
[sərpráiz]

(동) 놀라게 하다   (명) 예상치 못한 일   surprisingly (부) 뜻밖에도
- All of us were **surprised** at the news. 그 소식에 우리 모두가 놀랐다.
- What a   to see you here! 여기서 당신을 만나다니 정말 뜻밖이네요!

360 object
[ábdʒikt]

(명) 물건, 목적/목표
- There are two **objects** on the desk: a notebook and a pencil.
  책상 위에 두 개의 물건이 있다: 공책과 연필이 그것이다.
- The   of the game is to win the most cards.
  이 게임의 목표는 카드를 제일 많이 모으는 겁니다.

Check Up

정답 p.122

A 다음 영어단어를 듣고 해당 번호를 쓰시오. 그 다음, 빈칸에 우리말을 쓰시오. (60)

cash ☐	object ☐	believe ☐	during ☐
lose ☐	stay ☐	ocean ☐	cheer ☐

B 다음 우리말에 해당하는 영어단어를 쓰시오.

1 놀라게 하다   2 충돌하다

3 열   4 안개

5 ~에서 가까이   6 사업

7 (어린) 양

A 다음 영어단어의 우리말을 쓰시오.

1 speed _____   2 fog _____

3 stay _____   4 object _____

5 heat _____   6 lamb _____

7 lose _____   8 move _____

9 believe _____   10 cough _____

11 ocean _____   12 change _____

B 우리말과 일치하도록 알맞은 영어단어를 써넣어 문장을 완성하시오.

1 Adam lives _____ his grandmother. Adam은 할머니와 함께 살고 있다.

2 I have many _____s to do today. 나는 오늘 할 일이 많다.

3 How much _____ do you have now? 너는 지금 얼마의 현금을 갖고 있니?

4 Ms. Lee started her own _____ last year. Lee 씨는 작년에 자신의 사업을 시작했다.

5 All of us were _____d at the news. 그 소식에 우리 모두가 놀랐다.

6 I'll be in Germany _____ my vacation. 나는 방학 동안 독일에 있을 거야.

7 _____ging is good exercise for losing weight. 달리기는 체중을 감량하기에 좋은 운동이다.

8 Is there a bank _____ this hotel? 이 호텔 근처에 은행이 있나요?

9 _____, many people enjoy blogging. 요즘에는 많은 사람들이 블로그 하는 것을 즐긴다.

10 Most animals _____ their babies in the spring. 대부분의 동물들이 봄에 새끼를 낳는다.

C 다음 영어문장이 우리말과 일치하면 O, 그렇지 않으면 X를 쓰시오.

1 Can you lend me your bike? 네 자전거를 빌려줄 수 있겠니? (   )

2 I felt uncomfortable in the hard chair. 나는 딱딱한 의자에 앉아 있는 것이 불편했다. (   )

3 I feel certain that they are right. 나는 그들이 옳다고 확신해. (   )

4 The woman called her keys on the ground. 그 여자는 열쇠를 땅에 떨어뜨렸다. (   )

5 The baby spilled milk on the floor. 아기가 바닥에 우유를 흘렸다. (   )

D 다음 문장을 듣고 문장을 완성한 후, 빈칸에 쓴 영어단어의 우리말을 쓰시오. 🎧61

1 The _____ of the game is to win the most cards. → ....

2 The players did their best, but they _____ the game. → ....

3 This weekend, I'll _____ at home and do nothing. → ....

4 My dad is traveling on _____ to Istanbul. → ....

5 It is _____ that the boy is a liar. → ....

6 I can't _____ the pain any more. → ....

7 They often go skiing _____ the winter. → ....

8 The dust made us _____. → ....

9 People are _____ing for their team. → ....

10 I like the red pants _____ pockets. → ....

11 _____ the oil in the pan for two minutes. → ....

12 We will _____ to another city next month. → ....

13 Several _____s are running around in the field. → ....

14 The water in the _____ is always moving. → ....

15 The story is hard to _____, but it is true. → ....

16 Study _____ and play hard. → ....

17 London is famous for its _____. → ....

18 I want to _____ my hair style. → ....

19 The _____est bank is 200 meters away. → ....

20 The air pollution is getting worse _____. → ....

21 The temperature suddenly _____ped. → ....

22 You can pay with _____ or credit card at the store. → ....

23 Oliver _____s every morning. → ....

24 The pitcher can throw the ball at a very high _____. → ....

25 The bookstore is located on the second _____. → ....

26 Pack your _____s. We're leaving. → ....

27 I'll _____ you back tomorrow. → ....

28 Two trains _____ed into each other yesterday. → ....

29 Okay, I'll _____ you the money. → ....

30 What a _____ to see you here! → ....

361 check
[tʃek]

⟨동⟩ (제대로 되어 있는지) 확인하다, 점검하다

- Make sure to **check** your spelling. 철자가 맞는지 꼭 확인하세요.
- ▨▨▨▨ your bag again before you leave. 떠나기 전에 가방을 한번 더 점검해.

362 fool
[fuːl]

⟨명⟩ 바보, 어리석은 사람

- Sometimes, a genius can look like a **fool**. 때때로 천재가 바보처럼 보일 수 있다.
- You are a ▨▨▨▨ to believe his lies. 그의 거짓말을 믿다니 어리석구나.

363 next
[nekst]

⟨형⟩ 다음의 ⟨부⟩ 그 다음에

- What time does the **next** bus arrive? 다음 버스는 몇 시에 오나요?
- What shall we do ▨▨▨▨? 그 다음에는 뭘 하죠?

364 coach
[koutʃ]

⟨명⟩ (운동선수·팀의) 코치, 지도자

- The soccer team is looking for a new **coach**. 그 축구팀은 새 지도자를 찾고 있다.
- No ▨▨▨▨ trains his team to lose a game. 경기에서 지려고 팀을 훈련시키는 코치는 없다.

365 microwave
[máikrəwèiv]

⟨명⟩ 전자레인지

- You can cook a frozen pizza in a **microwave**. 전자레인지로 냉동 피자를 요리할 수 있다.
- Don't put an egg in a ▨▨▨▨. It will explode.
  전자레인지에 달걀을 넣지 마. 달걀이 터질 거야.

366 below
[bilóu]

⟨전⟩⟨부⟩ (위치가) ~보다 아래에, (수·양이) ~미만의

- The temperature will drop **below** zero tomorrow. 내일 기온이 영하로 떨어질 것이다.
- Please write your signature ▨▨▨▨ your name. 성함 아래에 서명을 해 주세요.

367 clerk
[kləːrk]

⟨명⟩ (가게의) 점원

- A **clerk** is displaying hats in the hat shop. 모자 가게에서 한 점원이 모자를 진열하고 있다.
- The ▨▨▨▨s are all busy helping customers. 점원들 모두가 고객을 상대하느라 바쁘다.

368 machine
[məʃíːn]

⟨명⟩ 기계

- This **machine** does not work. 이 기계는 작동하지 않아.
- Make sure the ▨▨▨▨ is turned on. 기계가 켜져 있는지 확인하세요.

369 heaven
[hévən]

⟨명⟩ 하늘, 천국

- My son is a gift from **heaven**. 내 아들은 하늘에서 주신 선물이다.
- I hope to go to ▨▨▨▨ when I die. 나는 죽으면 천국에 가고 싶다.

370 office
[ɔ́(ː)fis]

⟨명⟩ 사무실, 회사

- Our **office** has two copiers. 우리 사무실에는 두 대의 복사기가 있다.
- Everyone in my ▨▨▨▨ leaves at 6 p.m. 우리 사무실의 모든 사람들은 저녁 6시에 퇴근한다.

371 stress
[stres]

명 스트레스

stressful 형 스트레스가 많은

- **Stress** can make you sick. 스트레스는 몸을 아프게 할 수 있다.
- Many students are under great _____ during exam time.
  많은 학생들이 시험 기간에 극심한 스트레스를 받는다.

372 deaf
[def]

형 귀가 들리지 않는, 청각 장애가 있는

- A dog is helping a **deaf** person. 개가 청각 장애인을 돕고 있다.
- Most _____ people use sign language. 대부분의 청각 장애인들은 수화를 사용한다.

373 elementary
[èləméntəri]

형 초급의, 초등의

- The question is difficult for **elementary** level students.
  그 질문은 초급 단계의 학생들에게는 어렵다.
- _____ education is free in Korea. 한국에서 초등교육은 무상이다.

374 temple
[témpl]

명 (종교 의식을 하는) 신전, 사원, 절

- Cell phones are not allowed in this **temple**. 이 사원에서는 휴대전화가 금지된다.
- Some Buddhist _____ s in Korea have stone pagodas.
  한국의 몇몇 절에는 석탑이 있다.

375 option
[ápʃən]

명 선택할 수 있는 것, 옵션

- We have two **options**: staying home or going out.
  우리에게는 두 가지 옵션이 있어. 집에 있든가 나가든가.
- What is the best _____ ? 무엇이 최선의 선택일까?

Check Up

정답 p.123

A 다음 영어단어를 듣고 해당 번호를 쓰시오. 그 다음, 빈칸에 우리말을 쓰시오. 🎧63

check ☐	coach ☐	clerk ☐	elementary ☐

option ☐	machine ☐	heaven ☐	temple ☐

B 다음 우리말에 해당하는 영어단어를 쓰시오.

1 바보 _____

2 다음의 _____

3 전자레인지 _____

4 귀가 들리지 않는 _____

5 스트레스 _____

6 (위치가) ~보다 아래에 _____

7 사무실 _____

64

376	**clean** [kli:n]	형 깨끗한 동 깨끗하게 하다, 청소하다
		• You need to put on a **clean** shirt. 너는 깨끗한 셔츠를 입어야 해. • Our house is very dirty. Let's [ ] it now. 집이 너무 지저분해. 같이 청소하자.

377	**form** [fɔːrm]	명 형태, 종류, (빈칸이 있는) 문서
		• The chairs look the same in **form** and color. 그 의자들은 모양과 색이 똑같아 보인다. • Please fill out this [ ] first. 먼저 이 양식을 작성해 주세요.

378	**noon** [nuːn]	명 낮 12시, 정오
		• How about having a meeting at **noon**? 낮 12시에 회의를 하면 어떨까요? • Laura usually eats lunch at [ ]. Laura는 보통 12시에 점심을 먹는다.

379	**diet** [dáiət]	명 (일상적으로 먹는) 음식/식사, 다이어트
		• A healthy **diet** is important for all of us. 건강한 식단은 우리 모두에게 중요하다. • Rebecca is on a [ ] to lose weight. Rebecca는 체중을 줄이기 위해 다이어트 중이다.

380	**pour** [pɔːr]	동 (액체 등을) 붓다, 따르다
		• A waiter is **pouring** water in the glass. 종업원이 컵에 물을 따르고 있다. • [ ] the tomato sauce over the pasta. 파스타 위에 토마토 소스를 부으세요.

381	**beside** [bisáid]	전 ~의 옆에, 가까이에
		• I have a bottle of water **beside** my bed. 나는 물 한 병을 침대 옆에 둔다. • Riley sat [ ] me during lunch. Riley는 점심을 먹을 때 내 옆에 앉았다.

382	**clever** [klévər]	형 영리한, 똑똑한
		• That's such a **clever** idea! 정말 영리한 생각이야! • Evan was [ ] enough to remember all the rules. Evan은 모든 규칙을 다 기억할 만큼 똑똑했다.

383	**enough** [inʌf]	형 충분한, 필요한 만큼의 부 충분히
		• I have **enough** money to buy the book. 나는 그 책을 살 충분한 돈이 있다. • I was stupid [ ] to believe the liar. 내가 그 거짓말쟁이를 믿다니 참 어리석었다.

384	**rise** [raiz] rise-rose-risen	동 (위쪽으로) 올라가다, (수·양·정도가) 증가하다
		• A balloon is **rising** into the sky. 풍선이 하늘 위로 올라가고 있다. • The price of gas [ ] five percent last year. 작년에 가스 값이 5퍼센트 증가했다.

385	**oil** [ɔil]	명 석유, 기름
		• Saudi Arabia produces a lot of **oil**. 사우디 아라비아는 많은 양의 석유를 생산한다. • Heat a pan and add some [ ]. 팬을 달군 후 기름을 조금 넣으세요.

386 tail
[teil]

명 꼬리

• The little boy pulled the cat's **tail**. 그 어린 남자아이는 고양이의 꼬리를 잡아당겼다.
• A kangaroo has a very long and strong _____.
캥거루는 매우 길고 단단한 꼬리를 가지고 있다.

387 desert
[dézərt]

명 사막

• Most **deserts** are covered with sand. 대부분의 사막은 모래로 덮여 있다.
• I want to go to the _____ and ride a camel. 나는 사막에 가서 낙타를 타고 싶다.

388 mean
[mi:n]
mean-meant-meant

동 뜻하다/의미하다, 의도하다   형 못된

• A green light **means** "go." 초록색 불은 '건너도 된다'를 의미한다.
• Sorry, I didn't _____ to make you angry. 미안해, 널 화나게 하려고 했던 건 아니야.

389 theater
[θí(:)ətər]

명 (공연 등을 하는) 극장, 영화관

• The musical is showing in the **theater**. 뮤지컬이 극장에서 상연되고 있다.
• There are two movie _____s in the city. 그 도시에는 두 개의 영화관이 있다.

390 hero
[hí(:)ərou]

명 영웅, 영웅처럼 존경하는 사람

• The man was a **hero** for saving the girl from the fire.
그 남자가 그 여자아이를 불에서 구한 영웅이었다.
• My dad was my childhood _____. 내 어린 시절의 영웅은 우리 아빠였다.

Check Up

정답 p.123

A 다음 영어단어를 듣고 해당 번호를 쓰시오. 그 다음, 빈칸에 우리말을 쓰시오. 🎧65

theater	☐	hero	☐	tail	☐	desert	☐
_____		_____		_____		_____	

diet	☐	enough	☐	clean	☐	pour	☐
_____		_____		_____		_____	

B 다음 우리말에 해당하는 영어단어를 쓰시오.

1 뜻하다 _____   2 ~의 옆에 _____

3 영리한 _____   4 석유 _____

5 형태 _____   6 낮 12시 _____

7 (위쪽으로) 올라가다 _____

A 다음 영어단어의 우리말을 쓰시오.

1 office _____   2 machine _____

3 theater _____   4 oil _____

5 next _____   6 clean _____

7 noon _____   8 fool _____

9 microwave _____   10 desert _____

11 pour _____   12 temple _____

B 우리말과 일치하도록 알맞은 영어단어를 써넣어 문장을 완성하시오.

1 Rebecca is on a _____ to lose weight. Rebecca는 체중을 줄이기 위해 다이어트 중이다.

2 What is the best _____? 무엇이 최선의 선택일까?

3 Most _____ people use sign language. 대부분의 청각 장애인들은 수화를 사용한다.

4 Make sure to _____ your spelling. 철자가 맞는지 꼭 확인하세요.

5 The chairs look the same in _____ and color. 그 의자들은 모양과 색이 똑같아 보인다.

6 I have _____ money to buy the book. 나는 그 책을 살 충분한 돈이 있다.

7 The _____s are all busy helping customers. 점원들 모두가 고객을 상대하느라 바쁘다.

8 The soccer team is looking for a new _____. 그 축구팀은 새 지도자를 찾고 있다.

9 _____ can make you sick. 스트레스는 몸을 아프게 할 수 있다.

10 A green light _____s "go". 초록색 불은 '건너도 된다'를 의미한다.

C 다음 영어문장이 우리말과 일치하면 O, 그렇지 않으면 X를 쓰시오.

1 Please write your signature beside your name. 성함 아래에 서명을 해 주세요. (   )

2 My son is a gift from heaven. 내 아들은 하늘에서 주신 선물이다. (   )

3 A kangaroo has a very long and strong tail. 캥거루는 매우 길고 단단한 꼬리를 가지고 있다. (   )

4 A balloon is rising into the sky. 풍선이 하늘 위로 올라가고 있다. (   )

5 That's such an elementary idea! 정말 영리한 생각이야! (   )

1 _____ your bag again before you leave. → ....

2 How about having a meeting at _____? → ....

3 Riley sat _____ me during lunch. → ....

4 A _____ is displaying hats in the hat shop. → ....

5 A healthy _____ is important for all of us. → ....

6 _____ education is free in Korea. → ....

7 _____ the tomato sauce over the pasta. → ....

8 Please fill out this _____ first. → ....

9 I hope to go to _____ when I die. → ....

10 The price of gas _____ five percent last year. → ....

11 We have two _____s; staying home or going out. → ....

12 You need to put on a _____ shirt. → ....

13 Some Buddhist _____s in Korea have stone pagodas. → ....

14 Evan was _____ enough to remember all the rules. → ....

15 What time does the _____ bus arrive? → ....

16 My dad was my childhood _____. → ....

17 Everyone in my _____ leaves at 6 p.m. → ....

18 I was stupid _____ to believe the liar. → ....

19 Make sure the _____ is turned on. → ....

20 You can cook a frozen pizza in a _____. → ....

21 Saudi Arabia produces a lot of _____. → ....

22 No _____ trains his team to lose a game. → ....

23 The little boy pulled the cat's _____. → ....

24 Sorry, I didn't _____ to make you angry. → ....

25 Many students are under great _____ during exam time. → ....

26 Most _____s are covered with sand. → ....

27 The temperature will drop _____ zero tomorrow. → ....

28 A dog is helping a _____ person. → ....

29 There are two movie _____s in the city. → ....

30 Sometimes, a genius can look like a _____. → ....

391 **clear**
[kliər]

⟨형⟩ 명확한/분명한, (날씨·물이) 맑은

- Please give me **clear** directions. 저에게 명확한 지시를 주세요.
- The water in the lake is very ▨▨▨▨▨. 그 호수의 물은 매우 맑다.

392 **free**
[friː]

⟨부⟩ 무료로 ⟨형⟩ 무료의, 자유로운

- Buy one hat and get one **free**. 모자 하나를 사시면 다른 하나를 무료로 드립니다.
- Feel ▨▨▨▨▨ to call me anytime. 언제든지 편하게 연락하세요.

393 **north**
[nɔːrθ]

⟨명⟩ 북쪽

- Venice is in the **north** of Italy. 베니스는 이탈리아의 북쪽에 있다.
- The wind is coming from the ▨▨▨▨▨. 바람이 북쪽에서 불어온다.

394 **feed**
[fiːd]
feed-fed-fed

⟨동⟩ 먹이다, 먹을 것을 주다

- A woman is **feeding** her baby. 여자가 아기를 먹이고 있다.
- I ▨▨▨▨▨ my dog three times a day. 나는 강아지에게 하루에 세 번 먹이를 준다.

395 **powder**
[páudər]

⟨명⟩ 가루, 분말

- This machine grinds coffee beans into **powder**. 이 기계는 커피 원두를 가루로 갈아준다.
- Mix this ▨▨▨▨▨ with a cup of water. 이 가루를 한 잔의 물과 섞으세요.

396 **bill**
[bil]

⟨명⟩ 청구서, 계산서

- I got my cell phone **bill** online yesterday. 나는 어제 온라인으로 휴대전화 요금 청구서를 받았다.
- Don't forget to pay the ▨▨▨▨▨ today. 오늘 청구서의 돈 내는 것을 잊지 마.

397 **climb**
[klaim]

⟨동⟩ (손과 발을 이용하여) 움직이다, (높은 곳으로) 올라가다

- The actress **climbed** down from the stage. 그 여자배우는 무대에서 내려왔다.
- Rosie ▨▨▨▨▨s a mountain every Sunday. Rosie는 일요일마다 산을 오른다.

398 **enter**
[éntər]

⟨동⟩ 들어가다   entrance ⟨명⟩ 입장

- The man opened the door and **entered** the house. 그 남자는 문을 열고 집으로 들어갔다.
- Please knock on the door before you ▨▨▨▨▨. 들어오기 전에 노크를 해 주세요.

399 **history**
[hístəri]

⟨명⟩ 역사   historical ⟨형⟩ 역사의, 역사적인

- I enjoy reading about Roman **history**. 나는 로마 역사에 대해 읽는 것을 좋아해.
- Molly studied ▨▨▨▨▨ in college. Molly는 대학에서 역사를 공부했다.

400 **palace**
[pǽlis]

⟨명⟩ 궁, 궁전

- The king lived in a huge **palace**. 그 왕은 거대한 궁전에 살았다.
- The old ▨▨▨▨▨s are now open to everyone.
  고궁들은 현재 모든 사람들에게 개방되어 있다.

401 **taste**
[teist]

명 맛 　동 맛이 ~하다, 맛을 보다　　　　　　　　　　tasty 형 맛이 있는

- Would you like a **taste** of this wine? 이 포도주 맛 좀 보시겠어요?
- This cake _____s good but very sweet. 이 케이크는 맛은 좋은데 매우 달군요.

402 **disease**
[dizíːz]

명 병, 질병

- My grandfather died of a terrible **disease**. 우리 할아버지는 심각한 병으로 돌아가셨다.
- Some _____s, like malaria, come from animals.
  말라리아와 같은 몇몇 질병은 동물에서 비롯된다.

403 **mention**
[ménʃən]

동 언급하다, (간단히) 말하다

- Did I **mention** my name? 제가 제 이름을 말했던가요?
- Liam will never _____ what happens here.
  Liam은 여기에서 일어나는 일을 절대 언급하지 않을 거야.

404 **tradition**
[trədíʃən]

명 전통　　　　　　　　　　　　　　　　　traditional 형 전통적인

- Every country has its own **traditions** and culture.
  모든 나라는 그들만의 전통과 문화를 가지고 있다.
- The tour guide will explain some of Korea's cultural _____s.
  여행 가이드가 한국의 전통에 대해 설명할 것이다.

405 **several**
[sévərəl]

형 여럿의, 몇몇의

- I knocked **several** times, but nobody answered. 여러 번 문을 두드렸지만, 아무도 대답이 없었다.
- _____ people didn't like the plan. 몇몇 사람들은 그 계획을 좋아하지 않았다.

Check Up

정답 p.124

A 다음 영어단어를 듣고 해당 번호를 쓰시오. 그 다음, 빈칸에 우리말을 쓰시오. 🎧68

taste ☐	tradition ☐	disease ☐	powder ☐
_____	_____	_____	_____
climb ☐	palace ☐	enter ☐	north ☐
_____	_____	_____	_____

B 다음 우리말에 해당하는 영어단어를 쓰시오.

1 먹이다　_____　　2 여럿의　_____

3 무료로　_____　　4 명확한　_____

5 언급하다　_____　　6 역사　_____

7 청구서　_____

69

---

406 **close**
[klouz]

⟨동⟩ (열려 있는 것을) 닫다   ⟨형⟩ (공간상·시간상으로) 가까운 [klous]

- It's raining. Please **close** the window. 비가 오네요. 창문을 좀 닫아주세요.
- My office is very _____ to the bus stop. 우리 회사는 버스 정류장에서 매우 가깝다.

---

407 **full**
[ful]

⟨형⟩ 가득 찬   be full of ~으로 가득하다

- The trash can is **full**. We need to empty it. 쓰레기통이 가득 찼어. 비워야 해.
- The bookshelf is _____ of books. 책장이 책으로 가득하다.

---

408 **old**
[ould]

⟨형⟩ 나이가 든, 오래된/낡은, 나이가 ~인

- My dad's **old** car suddenly stopped working. 아빠의 오래된 차가 갑자기 멈췄다.
- My brother is 17 years _____. 우리 형은 17살이다.

---

409 **knee**
[ni:]

⟨명⟩ 무릎

- I fell down and hurt my **knee**. 나는 넘어져서 무릎을 다쳤다.
- Bend your _____s when you skate. 스케이트를 탈 때에는 무릎을 구부려라.

---

410 **sheep**
[ʃi:p]

⟨명⟩ 양

- Wool comes from **sheep**. 울은 양에서 나온다.
- Cows, _____, and goats give us milk. 소, 양, 그리고 염소는 우리에게 우유를 준다.

---

411 **birth**
[bəːrθ]

⟨명⟩ 출생   give birth to ~을 낳다

- Please tell me your name and your date of **birth**. 이름과 생일을 알려 주세요.
- Kate gave _____ to a son. Kate는 아들을 낳았다.

---

412 **clothes**
[klouðz]

⟨명⟩ 옷

- I need new **clothes** for the spring. 나는 봄에 입을 새 옷이 필요하다.
- Put on some more _____. It's cold outside. 옷을 좀 더 껴 입어. 밖은 추워.

---

413 **shelf**
[ʃelf]

⟨명⟩ 선반

- Zoey put the cup on the **shelf**. Zoey는 컵을 선반에 올려 놓았다.
- Some of the books on the _____ are expensive. 선반에 있는 일부 책들은 비싸다.

---

414 **honest**
[ánist]

⟨형⟩ 정직한, 솔직한   honesty ⟨명⟩ 정직함

- Greg can't be a liar. He is an **honest** man. Greg는 거짓말쟁이가 아니야. 그는 정직한 사람이야.
- To be _____ with you, I don't remember her name.
  솔직히 말하면 난 그 여자의 이름이 기억나지 않아.

---

415 **part**
[pɑːrt]

⟨명⟩ 부분, 부품

- What was the best **part** of the movie? 영화에서 가장 좋았던 부분은 무엇이었나요?
- The steering wheel is an important _____ of a car. 핸들은 중요한 차 부품이다.

416 nothing [nʌ́θiŋ]

㈐ 아무것도 (~않다)

• I tried to listen, but I heard **nothing**. 나는 들으려고 노력했지만 아무것도 들리지 않았다.
• This Sunday, I'll relax and do _____. 이번 주 일요일에는 쉬면서 아무것도 하지 않을 거야.

417 each [iːtʃ]

㈑ 각각의

• **Each** student gave a different answer. 각각의 학생들은 서로 다른 답을 썼다.
• _____ person has his or her own character.
  각각의 사람들은 자신들만의 성격을 가지고 있다.

418 moment [móumənt]

㈐ (어떤 일이 발생한) 순간, 잠시/잠깐

• Justin is not here at the **moment**. Justin은 지금 여기에 없어요.
• Can you wait for a _____? 잠시 기다려 줄래?

419 traffic [trǽfik]

㈐ 도로 위의 차량들, 교통   traffic jam 교통 체증

• There is a lot of **traffic** on 5th Street right now. 현재 5번가에 교통량이 많습니다.
• I was late because of a _____ jam. 나는 교통 체증 때문에 지각했다.

420 example [igzǽmpl]

㈐ 예, 사례   for example 예를 들면

• Give me some **examples** of your favorite sports. 네가 좋아하는 스포츠의 몇 가지 예를 들어봐.
• Some animals, for _____, snakes, are poisonous.
  예를 들면 뱀과 같은 몇몇 동물들은, 독을 지니고 있다.

Check Up

정답 p.124

Ⓐ 다음 영어단어를 듣고 해당 번호를 쓰시오. 그 다음, 빈칸에 우리말을 쓰시오. 🎧70

knee ☐	old ☐	clothes ☐	moment ☐
_____	_____	_____	_____

example ☐	shelf ☐	traffic ☐	honest ☐
_____	_____	_____	_____

Ⓑ 다음 우리말에 해당하는 영어단어를 쓰시오.

1 양 _____   2 아무것도 (~않다) _____

3 부분 _____   4 가득 찬 _____

5 출생 _____   6 (열려 있는 것을) 닫다 _____

7 각각의 _____

A 다음 영어단어의 우리말을 쓰시오.

1 several _____   2 tradition _____

3 close _____   4 clothes _____

5 full _____   6 powder _____

7 taste _____   8 birth _____

9 knee _____   10 shelf _____

11 history _____   12 free _____

B 우리말과 일치하도록 알맞은 영어단어를 써넣어 문장을 완성하시오.

1 Give me some _____s of your favorite sports. 네가 좋아하는 스포츠의 몇 가지 예를 들어봐.

2 I _____ my dog three times a day. 나는 강아지에게 하루에 세 번 먹이를 준다.

3 The king lived in a huge _____. 그 왕은 거대한 궁전에 살았다.

4 The water in the lake is very _____. 그 호수의 물은 매우 맑다.

5 Can you wait for a _____? 잠시 기다려 줄래?

6 Did I _____ my name? 제가 제 이름을 말했던가요?

7 Wool comes from _____. 울은 양에서 나온다.

8 _____ student gave a different answer. 각각의 학생들은 서로 다른 답을 썼다.

9 I was late because of a _____ jam. 나는 교통 체증 때문에 지각했다.

10 My grandfather died of a terrible _____. 우리 할아버지는 심각한 병으로 돌아가셨다.

C 다음 영어문장이 우리말과 일치하면 O, 그렇지 않으면 X를 쓰시오.

1 What was the best bill of the movie? 영화에서 가장 좋았던 부분은 무엇이었나요? (   )

2 Greg can't be a liar. He is an old man. Greg는 거짓말쟁이가 아니야. 그는 정직한 사람이야. (   )

3 The man opened the door and entered the house. 그 남자는 문을 열고 집으로 들어갔다. (   )

4 I tried to listen, but I heard nothing. 나는 들으려고 노력했지만 아무것도 들리지 않았다. (   )

5 Venice is in the north of Italy. 베니스는 이탈리아의 북쪽에 있다. (   )

D 다음 문장을 듣고 문장을 완성한 후, 빈칸에 쓴 영어단어의 우리말을 쓰시오. 🎧71

1 Please give me _____ directions. ➔ ....

2 Buy one hat and get one _____. ➔ ....

3 Liam will never _____ what happens here. ➔ ....

4 It's raining. Please _____ the window. ➔ ....

5 Every country has its own _____s and culture. ➔ ....

6 The bookshelf is _____ of books. ➔ ....

7 I fell down and hurt my _____. ➔ ....

8 I knocked _____ times, but nobody answered. ➔ ....

9 Cows, _____, and goats give us milk. ➔ ....

10 I enjoy reading about Roman _____. ➔ ....

11 The actress _____ed down from the stage. ➔ ....

12 My dad's _____ car suddenly stopped working. ➔ ....

13 Don't forget to pay the _____ today. ➔ ....

14 Please tell me your name and your date of _____. ➔ ....

15 Some _____s, like malaria, come from animals. ➔ ....

16 This machine grinds coffee beans into _____. ➔ ....

17 Please knock on the door before you _____. ➔ ....

18 I need new _____ for the spring. ➔ ....

19 Zoey put the cup on the _____. ➔ ....

20 Some animals, for _____, snakes, are poisonous. ➔ ....

21 Would you like a _____ of this wine? ➔ ....

22 A woman is _____ing her baby. ➔ ....

23 To be _____ with you, I don't remember her name. ➔ ....

24 This Sunday, I'll relax and do _____. ➔ ....

25 The steering wheel is an important _____ of a car. ➔ ....

26 Justin is not here at the _____. ➔ ....

27 _____ person has his or her own character. ➔ ....

28 There is a lot of _____ on 5th Street right now. ➔ ....

29 The old _____s are now open to everyone. ➔ ....

30 The wind is coming form the _____. ➔ ....

421	**coin** [kɔin]	영 동전

- I have some **coins** in my pocket. 내 주머니에는 동전이 몇 개 있다.
- Insert a _____, and you can start the game. 동전을 넣어, 그러면 게임을 시작할 수 있어.

422	**garden** [gá:rdən]	영 정원

- There are a lot of roses in the **garden**. 정원에 장미꽃이 많이 있다.
- They planted tomatoes in their _____. 그들은 정원에 토마토를 심었다.

423	**only** [óunli]	부 오직/단지 형 유일한

- **Only** one student passed the exam. 오직 한 명의 학생만이 시험을 통과했다.
- Mason is my _____ son. Mason은 나의 외동 아들이다.

424	**lamp** [læmp]	영 램프, 등

- Carly turned on the **lamp** to read a book. Carly는 책을 읽기 위해 램프를 켰다.
- I lit the _____ after sunset. 해가 진 후 나는 램프를 켰다.

425	**soap** [soup]	영 비누

- Wash your hands with **soap** and water. 비누와 물로 손을 씻으세요.
- The hotel provides _____ and towels. 그 호텔은 비누와 수건을 제공한다.

426	**bite** [bait] bite-bit-bitten	동 (이를 사용해서) 물다, 물어뜯다

- Leah often **bites** her nails. Leah는 종종 손톱을 물어뜯는다.
- Don't worry. My dog doesn't _____ people. 걱정하지 마. 우리 개는 사람을 물지 않아.

427	**collect** [kəlékt]	동 모으다, 수집하다 collection 영 모음, 수집

- My brother **collects** stamps for a hobby. 우리 형은 취미로 우표를 모은다.
- The scientists _____ed data about the weather.
  과학자들은 날씨에 관한 자료를 수집했다.

428	**exercise** [éksərsàiz]	영 운동, 연습

- You should do more **exercise** to lose weight. 살을 빼려면 운동을 더 해야 해.
- Kim does piano _____s every day. Kim은 매일 피아노 연습을 한다.

429	**thirsty** [θə́:rsti]	형 목이 마른, 갈증이 난

- I'm **thirsty**. Can I have something to drink? 나는 목이 말라. 마실 것 좀 줄래?
- I drank a lot of water but still felt _____. 나는 물을 많이 마셨지만 여전히 갈증이 났다.

430	**pass** [pæs]	동 지나가다, 건네 주다, (시험 등에) 합격하다

- The bus didn't stop; it just **passed** by me. 그 버스는 멈추지 않고 내 앞을 지나갔다.
- _____ me the salt, please. 소금 좀 건네주세요.

431 human
[hjúːmən]

형 인간의, 인류의 명 인간, 인류
- The **human** body is the most complex machine in the world.
  인간의 몸은 세상에서 가장 복잡한 기계이다.
- _____s are social animals. 인간은 사회적 동물이다.

432 exchange
[ikstʃéindʒ]

동 바꾸다, 교환하다
- I want to **exchange** this skirt for a bigger one. 이 치마를 더 큰 것으로 바꾸고 싶어요.
- Our family _____s gifts on Christmas Day.
  우리 가족은 크리스마스에 선물을 주고받는다.

433 mushroom
[mʌ́ʃru(ː)m]

명 버섯
- These **mushrooms** are poisonous. Don't eat them. 이 버섯에는 독이 있어. 먹지 마.
- Some _____s are growing around the tree. 나무 주변에 버섯들이 자라고 있다.

434 treat
[triːt]

동 (특정한 태도로) 사람을 대하다, 사물을 다루다
- Don't **treat** me like a child. 저를 어린아이 취급하지 마세요.
- The vase must be _____ed with care. 그 꽃병은 조심스럽게 다루어져야 한다.

435 support
[səpɔ́ːrt]

동 지지하다/응원하다, 부양하다
- My parents always **support** my decisions. 우리 부모님은 항상 나의 결정을 지지해 주신다.
- Aiden works hard to _____ his family. Aiden은 가족을 부양하려고 열심히 일한다.

Check Up

정답 p.125

A 다음 영어단어를 듣고 해당 번호를 쓰시오. 그 다음, 빈칸에 우리말을 쓰시오. 🎧73

garden ☐	bite ☐	treat ☐	exercise ☐
_____	_____	_____	_____

thirsty ☐	exchange ☐	mushroom ☐	lamp ☐
_____	_____	_____	_____

B 다음 우리말에 해당하는 영어단어를 쓰시오.

1 동전 _____
2 지지하다 _____
3 오직 _____
4 지나가다 _____
5 인간의 _____
6 모으다 _____
7 비누 _____

436 college
[kálidʒ]

(명) (전문)대학

- I met him when we were in **college**. 나는 대학교에 다닐 때 그를 만났다.
- Mark teaches music at a local _____. Mark는 한 지방 대학에서 음악을 가르친다.

---

437 get
[get]
get-got-gotten

(동) 받다, 얻다

- What did you **get** for your birthday this year? 이번 생일에 무엇을 선물 받았니?
- I went to the shop to _____ some milk. 나는 우유를 사러 가게에 갔다.

---

438 out
[aut]

(부) 밖으로, 밖에

- Let's turn off the TV and go **out** for a walk. TV를 끄고 산책하러 나가자.
- What is James doing _____ so early? James은 이렇게 일찍 밖에서 뭘 하고 있는 거지?

---

439 meal
[mi:l]

(명) 식사

- Always wash your hands before **meals**. 식사 전에 항상 손을 씻도록 해.
- I had only two _____s today: lunch and dinner. 나는 오늘 점심, 저녁 두 끼만 먹었다.

---

440 then
[ðen]

(부) 그때, 그 다음에

- I was an elementary school student **then**. 나는 그때 초등학생이었어.
- Tom went to the bank, and _____ he went to the market.
  Tom은 은행에 들른 다음, 시장에 갔다.

---

441 blood
[blʌd]

(명) 피, 혈액

- The boy lost a lot of **blood** in the accident. 그 남자아이는 사고로 많은 피를 흘렸다.
- Lily's hand was covered in _____. Lily의 손은 피투성이였다.

---

442 company
[kámpəni]

(명) 회사

- Alex works for a large **company**. Alex는 큰 회사에서 일한다.
- The _____ makes bikes. 그 회사는 자전거를 만든다.

---

443 exit
[égzit]

(명) 출구

- There are three **exits** in this building. 이 건물에는 3개의 출구가 있다.
- Is there a fire _____ on each floor? 각 층마다 비상구가 있나요?

---

444 hunt
[hʌnt]

(동) 사냥하다

- Bats sleep in the day and **hunt** at night. 박쥐들은 낮에는 잠을 자고 밤에 사냥을 한다.
- The man likes to go _____ing on weekends. 그 남자는 주말마다 사냥을 즐긴다.

---

445 pay
[pei]
pay-paid-paid

(동) (값을) 지불하다

- The woman **paid** for the meal by cash. 그 여자는 현금으로 식사 값을 지불했다.
- How much did you _____ for your computer? 컴퓨터를 얼마에 사셨어요?

446 tour
[tuər]

® 여행, (건물을 둘러보는) 관광/견학

- My family went on a **tour** of Italy last summer.
  우리 가족은 지난여름 이탈리아로 여행을 갔다.
- I'll give you a _____ of the island. 내가 섬 관광을 시켜 줄게.

447 empty
[émpti]

® (용기·장소 등이) 비어 있는

- The box is **empty** so you can use it. 그 상자는 비어 있으니 사용해도 돼.
- The house was _____ for a long time. 그 집은 오랫동안 비어 있었다.

448 neighbor
[néibər]

® 이웃

- A new **neighbor** moved in next door yesterday. 새로운 이웃이 어제 옆집으로 이사 왔다.
- We invited our friends and _____s for dinner.
  우리는 친구들과 이웃들을 저녁식사에 초대했다.

449 until
[əntíl]

® ® ~(때)까지

- The children read **until** bedtime. 그 아이들은 잠 잘 때까지 책을 읽었다.
- Max didn't arrive _____ the party was over.
  Max는 파티가 끝날 때까지 도착하지 않았다.

450 text
[tekst]

® (책·문서 등에 있는) 글, 본문

- The **text** on this page is too small to read. 이 페이지의 글씨는 읽기에 너무 작다.
- This book is all _____ with no images. 이 책은 그림 없이 전부 글로 되어 있다.

Check Up

정답 p.125

A 다음 영어단어를 듣고 해당 번호를 쓰시오. 그 다음, 빈칸에 우리말을 쓰시오. 🎧75

neighbor ☐	text ☐	exit ☐	blood ☐
_____	_____	_____	_____
hunt ☐	then ☐	tour ☐	empty ☐
_____	_____	_____	_____

B 다음 우리말에 해당하는 영어단어를 쓰시오.

1 (전문)대학 _____ 2 회사 _____

3 ~(때)까지 _____ 4 식사 _____

5 (값을) 지불하다 _____ 6 받다 _____

7 밖으로 _____

A 다음 영어단어의 우리말을 쓰시오.

1 garden _____   2 tour _____

3 text _____   4 mushroom _____

5 exercise _____   6 human _____

7 soap _____   8 pay _____

9 meal _____   10 lamp _____

11 support _____   12 hunt _____

B 우리말과 일치하도록 알맞은 영어단어를 써넣어 문장을 완성하시오.

1 My brother _____s stamps for a hobby. 우리 형은 취미로 우표를 모은다.

2 _____ one student passed the exam. 오직 한 명의 학생만이 시험을 통과했다.

3 The boy lost a lot of _____ in the accident. 그 남자아이는 사고로 많은 피를 흘렸다.

4 Insert a _____, and you can start the game. 동전을 넣어. 그러면 게임을 시작할 수 있어.

5 A new _____ moved in next door yesterday. 새로운 이웃이 어제 옆집으로 이사 왔다.

6 Max didn't arrive _____ the party was over. Max는 파티가 끝날 때까지 도착하지 않았다.

7 Tom went to the bank, and _____ he went to the market.
Tom은 은행에 들른 다음, 시장에 갔다.

8 I'm _____. Can I have something to drink? 나는 목이 말라. 마실 것 좀 줄래?

9 There are three _____s in this building. 이 건물에는 3개의 출구가 있다.

10 Leah often _____s her nails. Leah는 종종 손톱을 물어뜯는다.

C 다음 영어문장이 우리말과 일치하면 O, 그렇지 않으면 X를 쓰시오.

1 The box is empty so you can use it. 그 상자는 비어 있으니 사용해도 돼. (   )

2 Our family exchanges gifts on Christmas Day. 우리 가족은 크리스마스에 선물을 주고받는다. (   )

3 Bats sleep in the day and pass at night. 박쥐들은 낮에는 잠을 자고 밤에 사냥을 한다. (   )

4 Don't treat me like a child. 저를 어린아이 취급하지 마세요. (   )

5 I met him when we were in company. 나는 대학교에 다닐 때 그를 만났다. (   )

D 다음 문장을 듣고 문장을 완성한 후, 빈칸에 쓴 영어단어의 우리말을 쓰시오. 🎧 76

1 The _____ on this page is too small to read.
➔ ....

2 I was an elementary school student _____.
➔ ....

3 My parents always _____ my decisions.
➔ ....

4 The vase must be _____ed with care.
➔ ....

5 The children read _____ bedtime.
➔ ....

6 The _____ makes bikes.
➔ ....

7 Mark teaches music at a local _____.
➔ ....

8 My family went on a _____ of Italy last summer.
➔ ....

9 What did you _____ for your birthday this year?
➔ ....

10 Always wash your hands before _____s.
➔ ....

11 Is there a fire _____ on each floor?
➔ ....

12 The house was _____ for a long time.
➔ ....

13 These _____s are poisonous. Don't eat them.
➔ ....

14 Let's turn off the TV and go _____ for a walk.
➔ ....

15 We invited our friends and _____s for dinner.
➔ ....

16 The man likes to go _____ing on weekends.
➔ ....

17 I want to _____ this skirt for a bigger one.
➔ ....

18 I have some _____s in my pocket.
➔ ....

19 The scientists _____ed data about the weather.
➔ ....

20 There are a lot of roses in the _____.
➔ ....

21 How much did you _____ for your computer?
➔ ....

22 Mason is my _____ son.
➔ ....

23 Lily's hand was covered in _____.
➔ ....

24 Carly turned on the _____ to read a book.
➔ ....

25 The bus didn't stop; it just _____ed by me.
➔ ....

26 I drank a lot of water but still felt _____.
➔ ....

27 _____s are social animals.
➔ ....

28 Wash your hands with _____ and water.
➔ ....

29 Kim does piano _____s every day.
➔ ....

30 Don't worry. My dog doesn't _____ people.
➔ ....

Ⓐ 영어단어는 우리말로, 우리말은 영어단어로 바꿔 쓰시오.

1 low		26 결정을 내리다	
2 east		27 돼지고기	
3 side		28 낭비하다	
4 calendar		29 습관	
5 drive		30 피부	
6 expect		31 기침하다	
7 leaf		32 건너다	
8 change		33 위험한	
9 near		34 (가지고 있던 것을) 잃다	
10 add		35 남쪽	
11 check		36 ~의 옆에	
12 heaven		37 극장	
13 forest		38 사무실	
14 tail		39 한가운데	
15 form		40 실패하다	
16 pour		41 무게	
17 clever		42 손님	
18 disease		43 나이가 든	
19 advice		44 동의하다	
20 part		45 도로 위의 차량들	
21 coin		46 여행	
22 stone		47 (값을) 지불하다	
23 empty		48 피	
24 until		49 모이다	
25 neighbor		50 굽히다	

B 우리말과 일치하도록 알맞은 영어단어를 써넣어 문장을 완성하시오.

1 Choose a good _____ to talk about together. 함께 대화하기 좋은 주제를 선택하세요.

2 Harper tried to _____ his secret. Harper는 자신의 비밀을 숨기려 했다.

3 We should not miss this good _____. 이러한 좋은 기회를 놓쳐서는 안 된다.

4 Be careful not to _____ the vase. 꽃병을 떨어뜨리지 않게 조심해.

5 My bag is _____ from that one. 내 가방은 저 가방과 다르다.

6 My _____ are all wet. 내 옷은 전부 젖었어.

7 I'm going to _____ my car. 나는 내 차를 팔 것이다.

8 The race car moved at an incredible _____. 그 경주 차는 아주 빠른 속도로 움직였다.

9 Ethan, your mom is _____ing you. Ethan, 너희 엄마가 널 부르고 계셔.

10 My family _____ed oranges together. 우리 가족은 함께 오렌지를 땄다.

11 We _____ed at a beautiful hotel in Thailand. 우리는 태국에서 아름다운 호텔에 머물렀다.

12 Allison will be 15 years old _____ month. Allison는 다음 달에 15살이 된다.

13 You should handle this machine with _____. 이 기계를 조심스럽게 다루세요.

14 There are _____ chairs for everyone. 모든 사람을 위한 의자가 충분히 있다.

15 My grandfather was an old war _____. 나의 할아버지는 참전 용사였다.

16 Kevin quickly _____ed up the ladder. Kevin은 재빨리 사다리 위로 올라갔다.

17 I have _____ things to do today. 나는 오늘 해야 할 일이 몇 가지 있어.

18 The store _____s at 8:00 p.m. on weekends. 그 가게는 주말에 오후 8시면 문을 닫는다.

19 Cycling is healthy _____. 자전거 타기는 건강에 좋은 운동이다.

20 Leonardo da Vinci is one of the greatest artists in _____ history.
레오나르도 다빈치는 인류 역사상 가장 위대한 예술가 중 한 명이다.

21 Our train will _____ through a long tunnel. 기차가 긴 터널을 지나가게 될 거야.

22 You can _____ this coupon for a movie ticket. 이 쿠폰은 영화 티켓과 교환할 수 있다.

23 My teacher _____s every student equally. 우리 선생님은 모든 학생들을 동등하게 대우해 주신다.

24 I live in the _____ of Los Angeles. 나는 로스앤젤레스의 북쪽에 산다.

25 I woke up _____ today. 나는 오늘 일찍 일어났다.

C 다음 문장에 들어갈 알맞은 단어를 고르시오.

1 A small [fire / road / battle] can make lots of smoke.

2 The city is not [safe / wet / real] for traveling.

3 Please [close / support / hang] your coat on the hanger.

4 Zoe stayed [awake / hard / sure] last night to do her homework.

5 The baby spilled milk on the [tall / floor / part].

6 Can you [lose / pour / lend] me your bicycle?

7 I'll be in Germany [during / near / with] my vacation.

8 [Check / Feed / Heat] the oil in the pan for two minutes.

9 A [coach / clerk / neighbor] is displaying hats in the hat shop.

10 A dog is helping a [deaf / elementary / honest] person.

11 We have two [options / skills / clothes]: staying home or going out.

12 Our house is very dirty. Let's [express / clean / miss] it now.

13 A balloon is [rising / driving / crashing] into the sky.

14 Liam will never [mention / pass / promise] what happens here.

15 Do not swim in this [crowd / lake / hometown].

16 The trash can is [full / clever / deep]. We need to empty it.

17 Tom went to the bank, and [nowadays / enough / then] he went to the market.

18 The hotel provides [soap / chain / object] and towels.

19 Can you [hold / bring / repeat] the door for me?

20 I fell down and hurt my [knee / flag / chain].

21 [Each / Only / Thirsty] person has his or her own character.

22 There are three [castles / exits / straws] in this building.

23 What did you [get / change / move] for your birthday this year?

24 A green light [calls / means / enters] "go".

25 Bats sleep in the day and [bite / pay / hunt] at night.

D 다음 단어의 바뀐 품사를 보기 에서 찾아 빈칸에 쓰고, 그 단어의 우리말을 쓰시오.

보기

expression	entrance	tasty	traditional	belief
communication	cheerful	foggy	historical	stressful
honesty	surprisingly	collection	winner	movement

1 명 taste → 형 _____ → ....

2 동 express → 명 _____ → ....

3 명 stress → 형 _____ → ....

4 동 believe → 명 _____ → ....

5 동 collect → 명 _____ → ....

6 동 surprise → 부 _____ → ....

7 형 honest → 명 _____ → ....

8 명 fog → 형 _____ → ....

9 동 enter → 명 _____ → ....

10 명 tradition → 형 _____ → ....

11 명 history → 형 _____ → ....

12 동 move → 명 _____ → ....

13 동 communicate → 명 _____ → ....

14 동 win → 명 _____ → ....

15 동 cheer → 형 _____ → ....

➕ TIP

횟수나 빈도를 나타내는 부사들은 정도에 따라 아래와 같이 나타낼 수 있습니다. 예를 들어 always는 '항상'이라는 뜻으로 가장 빈번한 경우를 나타낼 때 쓰이며, 반대로 never는 '한 번도 ~하지 않다'라는 의미로 쓰입니다.

☆ always — 항상   ☆ usually — 대개   ☆ often — 자주   ☆ sometimes — 가끔   ☆ never — 절대 ~하지 않다

Answers

Lesson 1 Check Up p.9

A
- waste — 2 낭비하다, 낭비, 쓰레기
- bone — 3 뼈
- important — 4 중요한, 중대한
- travel — 1 여행, 여행하다, 이동하다
- peace — 6 평화
- age — 5 나이
- contest — 7 대회, 콘테스트
- fact — 8 사실

B
1 nobody　　　　　2 gold
3 excite　　　　　　4 pick
5 cost　　　　　　　6 above
7 minute

Lesson 2 Check Up p.11

A
- crazy — 7 말도 안 되는, 제 정신이 아닌
- introduce — 2 소개하다
- person — 1 사람
- congratulate — 5 축하해 주다, 기뻐해 주다
- ground — 4 땅, 지면
- academy — 3 학원, 전문학교
- place — 8 장소, 곳
- act — 6 행동하다

B
1 book　　　　　　2 wave
3 plan　　　　　　4 factory
5 mix　　　　　　6 popular
7 true

Review .... pp. 12~13

A
1 섞다, 혼합하다　　　2 사람
3 평화　　　　　　4 나이
5 금　　　　　　　6 분
7 장소, 곳　　　　　8 여행, 여행하다, 이동하다
9 고르다, 선택하다, 꺾다, 따다　10 땅, 지면
11 뼈　　　　　　12 사실

B
1 plan　　　　　　2 factory
3 congratulate　　　4 excite
5 contest　　　　　6 above
7 popular　　　　　8 book
9 academy　　　　10 act

C 1 O　2 X　3 X　4 O　5 O

D
1 fact 사실
2 important 중요한, 중대한
3 plan 계획, 계획하다
4 introduce 소개하다
5 gold 금
6 pick 고르다, 선택하다, 꺾다, 따다
7 true 진실의, 사실의
8 travel 여행, 여행하다, 이동하다
9 act 행동하다
10 factory 공장
11 cost 값이 ~이다, 비용이 ~들다
12 ground 땅, 지면
13 person 사람
14 minute 분
15 age 나이
16 nobody 아무도 (~않다)
17 peace 평화
18 place 장소, 곳
19 bone 뼈
20 Mix 섞다, 혼합하다
21 above ~보다 위에, ~보다 높이
22 waste 낭비하다, 낭비, 쓰레기
23 wave 파도, (손을) 흔들다
24 congratulate 축하해 주다, 기뻐해 주다
25 crazy 제 정신이 아닌, 정상이 아닌
26 academy 학원, 전문학교
27 popular 인기 있는
28 book 책, 예약하다
29 excite 신나게 하다, 흥분시키다
30 contest 대회, 콘테스트

Lesson 3 Check Up p.15

A
- accident — 3 사고, 사건
- hate — 4 매우 싫어하다, 혐오하다
- both — 5 둘 다(의), 양쪽(의)
- cross — 6 건너다
- pet — 2 반려동물
- about — 8 ~에 대한, ~에 관하여
- condition — 7 상태, 컨디션
- please — 1 기쁘게 하다

A
1 keep　　　　　　2 practice
3 wild　　　　　　4 fail
5 evil　　　　　　6 point
7 try

Lesson 4 ▶ Check Up p.17

A • especially ... 7 특히, 특별히
- present ... 1 선물, 현재의, 지금의
- heart ... 2 심장, 마음
- bottom ... 8 바닥, 아래쪽
- plant ... 3 식물
- control ... 4 통제하다, 관리하다, 통제(력), 지배
- curtain ... 6 커튼
- fantastic ... 5 환상적인, 매우 멋진

B 1 appear 2 kick
3 ago 4 turn
5 poor 6 adult
7 even

Review .... pp.18~19

A 1 매우 싫어하다, 혐오하다 2 커튼
3 성인, 어른 4 요점, 핵심, 뾰족한 끝
5 노력하다, 애를 쓰다, 시도하다 6 기쁘게 하다
7 식물 8 연습하다, 연습
9 차다 10 건너다
11 ~에 대한, ~에 관하여 12 사악한, 나쁜, 악

B 1 ago 2 heart
3 accident 4 turn
5 condition 6 fail
7 present 8 appear
9 especially 10 keep

C 1 X 2 O 3 X 4 O 5 O

D 1 pet 반려동물
2 control 통제하다, 관리하다, 통제(력), 지배
3 fail 실패하다, ~하지 못하다, 시험에서 떨어지다
4 appear 나타나다, 눈에 보이다
5 both 둘 다(의), 양쪽(의)
6 bottom 바닥, 아래쪽
7 kick (발로) 차다
8 curtain 커튼
9 evil 사악한, 나쁜, 악
10 present 선물, 현재의, 지금의
11 Wild 야생의, 사람의 손이 닿지 않은
12 keep 유지하다, 계속하다, 반복하다
13 turn 돌리다, 움직이는 방향을 바꾸다, ~한 상태가 되다
14 fantastic 환상적인, 매우 멋진
15 cross 건너다

16 practice 연습하다, 연습
17 ago (얼마의 시간) 전에
18 try 노력하다, 애를 쓰다, 시도하다
19 especially 특히, 특별히
20 hate 매우 싫어하다, 혐오하다
21 heart 심장, 마음
22 point 요점, 핵심, 뾰족한 끝
23 condition 상태, 컨디션
24 poor 가난한, 불쌍한, 질이나 상태가 좋지 않은
25 please 기쁘게 하다
26 plant 식물
27 accident 사고, 사건
28 even ~조차(도), 훨씬
29 adult 성인, 어른
30 about ~에 대한, ~에 관하여

Lesson 5 ▶ Check Up p.21

A • laugh ... 1 웃다
- print ... 7 인쇄하다, 프린트를 하다
- pill ... 8 알약
- copy ... 2 복사한 것, 사본, 복사하다, 베끼다
- dark ... 6 어두운, 캄캄한, 어둠
- voice ... 3 목소리
- almost ... 4 거의
- meat ... 5 고기

B 1 high 2 last
3 bet 4 far
5 add 6 brain
7 power

Lesson 6 ▶ Check Up p.23

A • hurt ... 5 아프다, 다치게 하다, 다친
- hill ... 3 언덕
- prize ... 4 상, 상금
- corner ... 2 모서리, 모퉁이, 코너
- wedding ... 6 결혼, 결혼식
- follow ... 7 뒤따라 가다, 따라가다
- lazy ... 8 게으른, 느긋한, 여유로운
- day ... 1 하루, 날, 낮

B 1 once 2 branch
3 pretty 4 pot
5 across 6 around
7 file

113

Review ···················· pp.24~25

A
1 어두운, 캄캄한, 어둠	2 멀리
3 고기	4 웃다
5 높은	6 목소리
7 결혼, 결혼식	8 언덕
9 상, 상금	10 거의
11 마지막의, 가장 최근의, 지난	12 알약

B
1 day	2 once
3 across	4 brain
5 branch	6 Print
7 power	8 pot
9 add	10 bet

C 1 O   2 O   3 O   4 O   5 X

D
1 hurt 아프다, 다치게 하다, 다친
2 lazy 게으른, 느긋한, 여유로운
3 pot 냄비, 단지, 병
4 last 마지막의, 가장 최근의, 지난
5 voice 목소리
6 copy 복사한 것, 사본, 복사하다, 베끼다
7 print 인쇄하다, 프린트를 하다
8 pill 알약
9 around ~의 주위에, 여기저기, 이곳저곳
10 prize 상, 상금
11 day 하루, 날, 낮
12 branch 나뭇가지, 지사, 분점
13 across ~을 가로질러, ~의 맞은편에
14 corner 모서리, 모퉁이, 코너
15 once 한 번, 1회, 이전에, 한때
16 add 추가하다, 덧붙이다
17 hill 언덕
18 far 멀리
19 bet 돈을 걸다, ~이 틀림없다, ~을 장담하다
20 pretty 예쁜, 상당히, 꽤
21 wedding 결혼, 결혼식
22 meat 고기
23 dark 어두운, 캄캄한, 어둠
24 brain 뇌, 머리, 지능
25 laugh 웃다
26 file 정리해 둔 문서나 자료, 파일
27 power 힘, 권력, 전원
28 almost 거의
29 high 높은
30 Follow 뒤따라 가다, 따라가다

Lesson 7   Check Up ···················· p.27

A
• adventure	④	모험
• problem	①	문제, 골칫거리
• foreign	⑧	외국의
• cover	⑦	덮다, 감싸다, 덮개, 커버, 표지
• owe	②	빚지다, 신세를 지다
• dead	③	죽은, 말라 죽은
• weight	⑤	무게, 체중
• leaf	⑥	잎, 나뭇잎

B
1 century	2 brave
3 hit	4 fill
5 ring	6 proud
7 basket	

Lesson 8   Check Up ···················· p.29

A
• wet	⑥	젖은, 축축한
• advice	③	조언, 충고
• finish	⑤	끝내다, 마치다
• basic	④	기본적인, 기초의
• forward	⑦	앞으로, 앞쪽으로
• quick	②	빠른, 신속한, 단시간의
• road	①	길, 도로
• lie	⑧	놓여있다, 눕다

B
1 promise	2 bring
3 deep	4 pull
5 fresh	6 hold
7 repeat	

Review ···················· pp.30~31

A
1 바구니	2 빚지다, 신세를 지다
3 약속하다, 약속	4 잎, 나뭇잎
5 조언, 충고	6 길, 도로
7 외국의	8 한 번 더 말하다, 반복하다
9 가져 오다, 데리고 가다	10 세기, 100년
11 신선한, 싱싱한	12 반지, 울리다

B
1 basic	2 fill
3 proud	4 Dead
5 hit	6 brave
7 wet	8 problem
9 weight	10 forward

C 1 X 2 X 3 O 4 O 5 O

D 1 dead 죽은, 말라 죽은
2 wet 젖은, 축축한
3 foreign 외국의
4 problem 문제, 골칫거리
5 basket 바구니
6 pull 잡아 당기다, 끌다, 당겨서 뽑다, 빼다
7 road 길, 도로
8 basic 기본적인, 기초의
9 weight 무게, 체중
10 brave 용감한, 두려워하지 않는
11 advice 조언, 충고
12 fresh 신선한, 싱싱한
13 finish 끝내다, 마치다
14 cover 덮다, 감싸다, 덮개, 커버, 표지
15 ring 반지, 전화기 등이 울리다
16 owe 빚지다, 신세를 지다
17 Bring 가져오다, 데리고 가다
18 leaf 잎, 나뭇잎
19 lie 놓여있다, 눕다
20 hit 치다, 때리다, 부딪치다
21 forward 앞으로, 앞쪽으로
22 century 세기, 100년
23 quick 빠른, 신속한, 단시간의
24 deep 깊은
25 proud 자랑스러운, 의기양양한
26 Promise 약속하다, 약속
27 Fill 채우다
28 hold 잡고 있다, 쥐고 가다
29 repeat 한 번 더 말하다, 반복하다
30 adventure 모험

Lesson 9 Check Up p.33

A • away   7 떨어져, 다른 쪽으로
• lip   1 입술
• friendship   8 친구 관계, 우정
• early   2 일찍, 빨리, 초반의, 초기의, 이른
• quite   3 상당히, 꽤
• coast   6 해안
• holiday   4 휴일, 휴가
• race   5 경주, 레이스

B 1 bubble   2 wish
3 afraid   4 fix
5 sell   6 culture
7 real

Lesson 10 Check Up p.35

A • wood   4 나무, 목재
• bug   6 작은 벌레, 곤충
• hope   5 희망하다, 희망
• arrive   3 도착하다
• luck   2 행운, 운
• die   8 죽다
• curious   7 호기심이 많은, 궁금해하는
• dig   1 파다

B 1 recycle   2 gain
3 focus   4 rest
5 send   6 bean
7 remember

Review .... pp.36~37

A 1 희망하다, 희망   2 작은 벌레, 곤충
3 행운, 운   4 재활용하다
5 죽다   6 입술
7 파다   8 떨어져, 다른 쪽으로
9 해안   10 경주, 레이스
11 문화   12 집중하다, 초점, 중점

B 1 quite   2 bubble
3 arrive   4 curious
5 fix   6 real
7 wood   8 afraid
9 early   10 wish

C 1 X 2 O 3 O 4 X 5 X

D 1 holiday 휴일, 휴가
2 coast 해안
3 rest 나머지, 휴식, 쉬다, 휴식을 취하다
4 bug 작은 벌레, 곤충
5 lip 입술
6 send 보내다
7 die 죽다
8 real 실제의, 진짜의
9 afraid 두려워하는, 걱정하는
10 early 일찍, 빨리, 초반의, 초기의, 이른
11 curious 호기심이 많은, 궁금해하는
12 quite 상당히, 꽤
13 focus 집중하다, 초점, 중점
14 culture 문화
15 away 떨어져, 다른 쪽으로

16 luck 행운, 운
17 race 경주, 레이스
18 hope 희망하다, 희망
19 remember 기억하다
20 sell 팔다, 판매하다
21 wood 나무, 목재
22 dig 파다
23 arrive 도착하다
24 friendship 친구 관계, 우정
25 fix 고치다, 수리하다, 고정시키다
26 gain 얻게 되다, 차츰 증가하다, 이득, 이익, 증가
27 recycle 재활용하나
28 wish ~라면 좋겠다, 소원
29 bean 콩
30 bubble 비누방울, 거품

누적 테스트 **150** ⋯⋯⋯⋯⋯ pp.38~41

Ⓐ
1 상, 상금
2 떨어져, 다른 쪽으로
3 알약
4 뼈
5 ~조차(도), 훨씬
6 기본적인, 기초의
7 나뭇가지, 지사, 분점
8 놓여 있다, 눕다
9 학원, 전문학교
10 젖은, 축축한
11 멀리
12 모험
13 치다, 때리다, 부딪치다
14 거의
15 사고, 사건
16 유지하다, 계속하다, 반복하다
17 잡고 있다, 쥐고 가다
18 야생의, 사람의 손이 닿지 않은
19 희망하다, 희망
20 공장
21 아프다, 다치게 하다, 다친
22 나타나다, 눈에 보이다
23 용감한, 두려워하지 않는
24 책, 예약하다
25 ~을 가로질러, ~의 맞은편에

26 especially
27 voice
28 nobody
29 about
30 curtain
31 problem
32 cost
33 place
34 luck
35 crazy
36 bottom
37 heart
38 bet
39 proud
40 cover
41 person
42 finish
43 basic
44 early
45 bean
46 rest
47 curious
48 plant
49 real
50 wedding

Ⓑ
1 wave
3 race
5 remember
2 ago
4 popular
6 practice

7 century
9 Pull
11 fail
13 send
15 bring
17 repeat
19 coast
21 fix
23 fresh
25 evil

8 road
10 point
12 turn
14 brain
16 around
18 bubble
20 corner
22 present
24 important

Ⓒ
1 weight
3 lazy
5 promise
7 forward
9 waste
11 wood
13 laugh
15 Fill
17 travel
19 fantastic
21 kick
23 holidays
25 introduce

2 above
4 plan
6 poor
8 day
10 once
12 sell
14 pet
16 meat
18 print
20 focus
22 dead
24 hate

Ⓓ
1 foreigner 외국인
2 exciting 흥미진진한
3 depth 깊이
4 cultural 문화와 관련된
5 failure 실패
6 peaceful 평화로운
7 advise 조언하다, 충고하다
8 height 높이
9 dead 죽은
10 truth 진실
11 action 행동
12 arrival 도착
13 powerful 강력한
14 congratulations 축하
15 addition 추가

Lesson **11** Check Up ⋯⋯⋯⋯⋯ p.43

Ⓐ
• work
• forest
• down
• gather

6 일하다, 일, 업무, 일터
3 숲
8 낮은 쪽으로, 아래로
7 모이다, 모으다

- customer   ④ 손님, 고객
- distance   ② 거리, 간격
- rice   ⑤ 쌀, 쌀밥
- hour   ① 한 시간

Ⓑ 1 sound   2 mad
  3 return   4 agree
  5 become   6 burn
  7 remove

Lesson 12 Check Up p.45

Ⓐ • ahead   ⑤ 앞에, 앞쪽으로, 미리, 앞서서
  • mail   ⑥ 우편물, 전자우편, 우편물을 보내다
  • rich   ③ 부자의, 돈이 많은
  • south   ② 남쪽
  • forever   ① 영원히
  • joy   ⑦ 큰 기쁨, 즐거움
  • choose   ⑧ 고르다, 선택하다
  • climate   ④ 기후

Ⓑ 1 beef   2 alike
  3 drug   4 dry
  5 cycle   6 round
  7 global

Review .... pp.46~47

Ⓐ 1 한 시간   2 쌀, 쌀밥
  3 소고기   4 돌아오다, 되돌려 주다
  5 둥근, 원형의   6 기후
  7 매우 화난   8 숲
  9 큰 기쁨, 즐거움   10 모이다, 모으다
  11 남쪽   12 거리, 간격

Ⓑ 1 become   2 mail
  3 work   4 alike
  5 global   6 burn
  7 remove   8 sound
  9 customer   10 forever

Ⓒ 1 O   2 X   3 X   4 O   5 O

Ⓓ 1 distance 거리, 간격
  2 drug 의약품, 약물
  3 remove 치우다, 없애다
  4 south 남쪽
  5 burn 불에 타다, 불로 태우다, 화상을 입히다

6 global 전 세계에 걸친, 세계적인
7 gather 모이다, 모으다
8 work 일하다, 일, 업무, 일터
9 climate 기후
10 return 돌아오다, 되돌려 주다
11 agree 동의하다, 의견이 일치하다
12 rice 쌀, 쌀밥
13 choose 고르다, 선택하다
14 sound 소리, ~처럼 들리다, ~인 듯하다
15 alike 매우 비슷한, 비슷하게
16 hour 한 시간
17 mad 무척 화난
18 mail 우편물, 전자우편, 우편물을 보내다
19 round 둥근, 원형의
20 down 낮은 쪽으로, 아래로
21 forest 숲
22 joy 큰 기쁨, 즐거움
23 forever 영원히
24 dry 물기가 없는, 마른, 건조한, 물기를 말리다
25 customer 손님, 고객
26 rich 부자의, 돈이 많은
27 become ~이 되다, ~해지다
28 beef 소고기
29 cycle 순환, 반복
30 ahead 앞에, 앞쪽으로, 미리, 앞서서

Lesson 13 Check Up p.49

Ⓐ • roof   ① 지붕
  • forget   ⑤ 잊다, 잊고 안 하다
  • dangerous   ④ 위험한
  • half   ③ 절반, 1/2
  • design   ② 설계, 디자인, 설계하다, 디자인하다
  • expect   ⑧ 기대하다, 예상하다
  • block   ⑦ 사각형 덩어리, 구역, 블록, 막다
  • cage   ⑥ 우리, 새장

Ⓑ 1 sink   2 stone
  3 sign   4 airline
  5 leave   6 marry
  7 just

Lesson 14 Check Up p.51

Ⓐ • death   ⑤ 죽음
  • alone   ④ 혼자, 홀로, 혼자인

- familiar ⑧ 친숙한, 잘 아는, 낯익은
- bottle ⑥ 병
- east ③ 동쪽
- crowd ② 많은 사람들, 무리
- happen ⑦ 일어나다, 발생하다
- bend ① 굽히다, 구부리다

Ⓑ 1 lake 2 rock
3 memory 4 skill
5 take 6 calm
7 slice

20 rock 바위, 암석
21 left 떠나다, 그대로 두다, 두고 가다
22 airline 항공사
23 bent 굽히다, 구부리다
24 stone 돌
25 expect 기대하다, 예상하다
26 sign 징후, 조짐, 표지판, 서명하다, 사인하다
27 bottle 병
28 just 그저, 단지, 방금, 정확히, 딱
29 block 사각형 덩어리, 구역, 블록, 막다
30 happen 일어나다, 발생하다

Review · pp.52~53

Ⓐ 1 일어나다, 발생하다 2 결혼하다
3 병 4 조각
5 항공사 6 동쪽
7 죽음 8 기억, 기억력
9 바위, 암석 10 호수
11 싱크대, 가라앉다 12 많은 사람들, 무리

Ⓑ 1 roof 2 stone
3 skill 4 familiar
5 bend 6 alone
7 just 8 half
9 sign 10 expect

Ⓒ 1 O 2 O 3 O 4 X 5 X

Ⓓ 1 familiar 친숙한, 잘 아는, 낯익은
2 east 동쪽
3 calm 차분한, 침착한, 고요한
4 sink 싱크대, 가라앉다
5 lake 호수
6 skill 기술, 능력, 솜씨
7 alone 혼자, 홀로, 혼자인
8 marry 결혼하다
9 Take 가지고 가다, 데리고 가다, 잡다
10 forget 잊다, 잊고 안 하다
11 death 죽음
12 dangerous 위험한
13 cage 우리, 새장
14 slice 조각
15 roof 지붕
16 design 설계, 디자인, 설계하다, 디자인하다
17 crowd 많은 사람들, 무리
18 half 절반, 1/2
19 memory 기억, 기억력

Lesson 15 Check Up · · · · · · · · · · · · · p.55

Ⓐ • easy ② 쉬운
• false ⑤ 사실이 아닌, 거짓의, 잘못된
• bowl ④ 그릇
• gate ⑦ 대문, 탑승구, 게이트
• social ⑥ 사회적인, 상냥한, 붙임성 있는
• captain ③ 선장, 기장, 주장
• decide ⑧ 결정을 내리다, 결심하다
• top ① 맨 위, 꼭대기

Ⓑ 1 land 2 soon
3 bitter 4 along
5 safe 6 middle
7 health

Lesson 16 Check Up · · · · · · · · · · · · · p.57

Ⓐ • end ① 끝, 끝나다
• figure ⑧ 수치, 통계, 숫자, 중요한 인물
• gesture ⑤ 몸짓, 표시
• light ⑥ 빛, 전등, 밝은, 가벼운
• care ⑦ 돌봄, 보살핌, 신경을 쓰다, 관심을 가지다
• break ④ 깨다, 부수다, 휴식
• solve ② 해결하다, 풀다
• thin ③ 얇은, 가는

Ⓑ 1 mind 2 hometown
3 already 4 sale
5 boil 6 ugly
7 diary

Review ·········· pp.58~59

A
1 건강
2 못생긴
3 사실이 아닌, 거짓의, 잘못된
4 몸짓, 표시
5 대문, 탑승구, 게이트
6 쓴 맛이 나는
7 일기
8 해결하다, 풀다
9 깨다, 부수다, 휴식
10 쉬운
11 얇은, 가는
12 고향

B
1 top
2 already
3 end
4 boil
5 sale
6 mind
7 soon
8 decide
9 care
10 bowl

C 1 O 2 O 3 O 4 X 5 X

D
1 bowl 그릇
2 care 돌봄, 보살핌, 신경을 쓰다, 관심을 가지다
3 captain 선장, 기장, 주장
4 health 건강
5 diary 일기
6 top 맨 위, 꼭대기
7 sale 판매, 세일, 할인 판매
8 gesture 몸짓, 표시
9 along 쭉 따라
10 social 사회적인, 상냥한, 붙임성 있는
11 mind 생각, 머리, 꺼리다, 싫어하다
12 decide 결정을 하다, 결심하다
13 boil 끓다, 끓이다
14 soon 곧, 잠시 후
15 end 끝, 끝나다
16 hometown 고향
17 gate 대문, 탑승구, 게이트
18 false 사실이 아닌, 거짓의, 잘못된
19 solve 해결하다, 풀다
20 land 땅, 육지, 내려앉다, 착륙하다, 도착하다
21 break 깨다, 부수다, 휴식
22 light 빛, 전등, 밝은, 가벼운
23 figure 수치, 통계, 숫자, 중요한 인물
24 middle 한가운데, 중간
25 ugly 못생긴
26 bitter 쓴 맛이 나는
27 thin 얇은, 가는
28 safe 안전한, 안심할 수 있는
29 already 이미, 벌써
30 easy 쉬운

Lesson 17 **Check Up** ·········· p.61

A
• bridge 5 다리
• freeze 6 얼다, 얼리다
• save 4 구해 내다, 아끼다, 모으다
• blame 3 책임을 묻다, 탓하다
• error 8 실수, 오류
• giant 2 거대한, 거인
• boring 1 재미없는, 지루한
• different 7 다른

B
1 uniform
2 like
3 special
4 carry
5 miss
6 up
7 area

Lesson 18 **Check Up** ·········· p.63

A
• difficult 4 어려운
• instrument 7 기구, 도구, 악기
• nation 2 국가, 국민
• very 5 매우, 아주
• goal 1 목표, 골
• line 8 선, 줄
• case 6 예, 사례, 경우, 용기, 상자
• gym 3 체육관, 헬스장

B
1 fall
2 against
3 shock
4 wide
5 stage
6 bright
7 cause

Review ·········· pp.64~65

A
1 다리
2 다른
3 들고 있다, 나르다, 가지고 다니다
4 기구, 도구, 악기
5 밝은, 눈부신, 선명한
6 위로, 위에
7 어려운
8 예, 사례, 경우, 용기, 상자
9 단계, 무대
10 규정에 따라 입는 옷, 유니폼
11 좋아하다, ~와 비슷한, ~처럼
12 목표, 골

B
1 line
2 nation
3 freeze
4 boring
5 very
6 giant
7 special
8 blame
9 cause
10 wide

C 1 X 2 X 3 O 4 O 5 O

D 1 gym 체육관, 헬스장
2 very 매우, 아주
3 shock 충격, 충격을 주다, 깜짝 놀라게 하다
4 different 다른
5 wide 폭이 넓은, 폭이 ~인, 활짝
6 line 선, 줄
7 goal 목표, 골
8 nation 국가, 국민
9 case 예, 사례, 경우, 용기, 상자
10 bright 밝은, 눈이 부신, 선명한
11 carry 들고 있다, 나르다, 가지고 다니다
12 cause ~가 발생하게 하다, ~의 원인이 되다, 이유, 원인
13 against ~에 반대하여, 반하여, ~에 맞서, 경쟁하여, ~에 기대어
14 area 지역
15 stage 단계, 무대
16 Freeze 얼다, 얼리다
17 uniform 규정을 위해 입는 옷, 유니폼
18 like 좋아하다, ~와 비슷한, ~처럼
19 instrument 기구, 도구, 악기
20 special 특별한
21 difficult 어려운
22 fall 가을, 떨어지다, 넘어지다
23 error 실수, 오류
24 blame 책임을 묻다, 탓하다
25 save 구해 내다, 아끼다, 모으다
26 bridge 다리
27 miss 놓치다, 그리워하다
28 up 위로, 위에
29 boring 재미없는, 지루한
30 giant 거대한, 거인

Lesson 19 Check Up p.67

A • castle   7 성
• couch   5 긴 의자, 소파
• grow   7 자라다, 성장하다
• character   6 성격, 성질, 등장인물, 캐릭터
• huge   3 엄청난
• station   4 역, 정류장
• island   2 섬
• discuss   8 의견을 나누다, 논의하다

B 1 nature   2 bake
3 show   4 field
5 little   6 war
7 brush

Lesson 20 Check Up p.69

A • furniture   7 가구
• shy   1 수줍어하는, 부끄럼을 타는
• divide   6 나누다, 쪼개다
• build   2 짓다, 만들다
• sure   8 확신하는, 틀림없는
• way   3 길, 코스, 방법
• fight   5 싸우다
• insect   4 곤충

B 1 jail   2 chat
3 never   4 base
5 live   6 step
7 guide

Review pp.70~71

A 1 전쟁   2 싸우다
3 자연   4 붓, 빗자루, 빗, 깨끗이 하다
5 성   6 섬
7 가구   8 나누다, 쪼개다
9 작은, 어린   10 수다를 떨다, 채팅하다
11 들판   12 곤충

B 1 base   2 guide
3 couch   4 never
5 shy   6 grow
7 way   8 station
9 character   10 build

C 1 X 2 O 3 X 4 O 5 O

D 1 insect 곤충
2 huge 엄청난
3 little 작은, 어린
4 never 한 번도 ~않다, 절대 ~않다
5 war 전쟁
6 Divide 나누다, 쪼개다
7 brush 붓, 빗자루, 빗, 깨끗이 하다
8 Bake 굽다
9 field 들판
10 jail 감옥
11 couch 긴 의자, 소파
12 fight 싸우다
13 sure 확신하는, 틀림없는
14 castle 성
15 step 걸음, 걸음을 옮기다, 내딛다

16 island 섬
17 station 역, 정류장
18 live 살다, 거주하다, 살아있다, 생존하다
19 shy 수줍어하는, 부끄러움을 타는
20 nature 자연
21 base 맨 아래 부분, 바닥
22 character 성격, 성질, 등장인물, 캐릭터
23 Discuss 의견을 나누다, 논의하다
24 guide 안내(서), 가이드, 길 안내를 하다
25 chat 수다를 떨다, 채팅하다
26 way 길, 코스, 방법
27 show 보여 주다
28 grow 자라다, 성장하다
29 furniture 가구
30 build 짓다, 만들다

누적 테스트 300 .... pp.72~75

Ⓐ
1 쌀, 쌀밥	26 become
2 동의하다, 의견이 일치하다	27 hour
3 나누다, 쪼개다	28 forest
4 평화	29 voice
5 우리, 새장	30 calm
6 위험한	31 half
7 떠나다, 그대로 두다, 두고 가다	32 holiday
8 혼자, 홀로, 혼자인	33 rock
9 뇌, 머리, 지능	34 forever
10 동쪽	35 remove
11 맨 위, 꼭대기	36 boil
12 쉬운	37 hometown
13 약속하다, 약속	38 break
14 얇은, 가는	39 land
15 이미, 벌써	40 afraid
16 실수, 오류	41 bright
17 지역	42 fall
18 놓치다, 그리워하다	43 hate
19 선, 줄	44 cause
20 국가, 국민	45 save
21 들판	46 grow
22 보여 주다	47 mix
23 수줍어하는, 부끄러움을 타는	48 bake
24 자연	49 furniture
25 짓다, 만들다	50 sure

Ⓑ
1 south	2 sign
3 agree	4 just
5 happen	6 airline

7 soon	8 social
9 end	10 stone
11 diary	12 care
13 like	14 boring
15 special	16 difficult
17 little	18 huge
19 live	20 climate
21 guide	22 stage
23 alike	24 block
25 joy	

Ⓒ
1 brushes	2 fight
3 bent	4 freezes
5 jail	6 middle
7 up	8 bridge
9 light	10 bitter
11 gate	12 along
13 familiar	14 lake
15 forgot	16 round
17 mail	18 distance
19 return	20 mad
21 customer	22 sound
23 down	24 expect
25 bottle	

Ⓓ
1 solution 해결
2 careful 조심스러운, 신중한
3 choice 선택
4 joyful 기쁜
5 marriage 결혼
6 healthy 건강한
7 width 넓이
8 growth 성장
9 memorize 기억하다
10 discussion 논의
11 difference 차이점
12 skillful 실력 있는
13 decision 결정
14 safety 안전
15 fault 잘못

Lesson 21 ▶ Check Up p.77

Ⓐ
• button	③ 단추, 버튼
• double	⑤ 두 개로 된, 두 배의
• journey	⑦ 여행, 이동
• fire	① 불
• straw	⑧ 짚, 밀짚, 빨대

- newspaper ④ 신문
- goat ② 염소
- express ⑥ 나타내다, 표현하다

B 1 win   2 side
3 low   4 habit
5 chain   6 west
7 battery

Lesson 22   Check Up   p.79

A
- subject ⑤ 주제, 과목
- note ⑥ 메모, 필기
- hide ① 숨기다, 숨다
- novel ② 소설
- calendar ⑧ 달력
- drive ⑦ 운전하다
- correct ③ 정확한, 맞는
- chance ④ 기회, 가능성

B 1 pork   2 battle
3 hang   4 awake
5 flag   6 communicate
7 skin

Review   pp.80~81

A 1 신문   2 정확한, 맞는
3 걸다, 매달다   4 서쪽
5 건전지, 배터리   6 주제, 과목
7 소설   8 전투
9 피부, 가죽   10 여행, 이동
11 국기, 깃발   12 숨기다, 숨다

B 1 calendar   2 straw
3 chain   4 low
5 habit   6 chance
7 drive   8 awake
9 fire   10 side

C 1 O   2 X   3 O   4 O   5 X

D 1 west 서쪽
2 flag 국기, 깃발
3 chance 기회, 가능성
4 drive 운전하다
5 subject 주제, 과목
6 novel 소설
7 skin 피부, 가죽

---

8 journey 여행, 이동
9 double 두 개로 된, 두 배의
10 battery 건전지, 배터리
11 communicate 의사소통하다
12 hide 숨기다, 숨다
13 awake 깨어 있는
14 note 메모, 필기
15 side 쪽, 옆, 측면
16 goat 염소
17 calendar 달력
18 correct 정확한, 맞는
19 chain 사슬, 줄, 체인
20 fire 불
21 newspaper 신문
22 win 이기다, 얻다
23 habit 습관, 버릇
24 low 낮은, 적은
25 pork 돼지고기
26 express 나타내다, 표현하다
27 battle 전투
28 hang 걸다, 매달다
29 button 단추, 버튼
30 straw 짚, 밀짚, 빨대

Lesson 23   Check Up   p.83

A
- jog ① 조깅하다
- floor ⑥ 바닥, 층
- cough ② 기침하다, 기침
- nowadays ⑧ 요즘에는
- move ⑤ 움직이다, 이사하다
- bear ⑦ 곰, 참고 견디다, 낳다
- thing ③ 것, 물건
- change ④ 바꾸다, 바뀌다, 변화

B 1 drop   2 certain
3 with   4 speed
5 lend   6 hard
7 call

Lesson 24   Check Up   p.85

A
- cash ① 현금
- object ⑧ 물건, 목적, 목표
- believe ② 믿다
- during ⑦ ~동안

- lose   ⑤ 잃다, 분실하다, 지다
- stay   ⑥ 머무르다, 유지하다
- ocean   ③ 바다, 해양
- cheer   ④ 환호하다, 함성을 지르다, 힘이 나게 하다

B 1 surprise   2 crash
3 heat   4 fog
5 near   6 business
7 lamb

Review ···························· pp.86~87

A 1 속도   2 안개
3 머무르다, 유지하다   4 물건, 목적, 목표
5 열, 열기, 뜨겁게 하다   6 양
7 잃다, 분실하다, 지다   8 움직이다, 이사하다
9 믿다   10 기침하다, 기침
11 바다, 해양   12 바꾸다, 바뀌다, 변화

B 1 with   2 thing
3 cash   4 business
5 surprise   6 during
7 Jog   8 near
9 Nowadays   10 bear

C 1 O   2 O   3 O   4 X   5 O

D 1 object 물건, 목적, 목표
2 lost 잃다, 분실하다, 지다
3 stay 머무르다, 유지하다
4 business 사업, 장사
5 certain 확신하는
6 bear 곰, 참고 견디다, 낳다
7 during ~동안
8 cough 기침하다, 기침
9 cheer 환호하다, 함성을 지르다, 힘이 나게 하다
10 with ~와 함께, ~을 가진, ~을 사용하여
11 Heat 열, 열기, 뜨겁게 하다
12 move 움직이다, 이사하다
13 lamb 양
14 ocean 바다, 해양
15 believe 믿다
16 hard 단단한, 딱딱한, 어려운, 열심히
17 fog 안개
18 change 바꾸다, 바뀌다, 변화
19 near ~에서 가까이, 가까이, 가까운
20 nowadays 요즘에는

21 drop 떨어뜨리다, 떨어지다
22 cash 현금
23 jog 조깅하다
24 speed 속도
25 floor 바닥, 층
26 thing 것, 물건
27 call 전화하다, ~라고 부르다
28 crash 충돌하다, 부딪치다, 충돌 사고
29 lend 빌려주다
30 surprise 놀라게 하다, 예상치 못한 일

Lesson 25   Check Up ················ p.89

A • check   ① 확인하다, 점검하다
• coach   ⑦ 코치, 지도자
• clerk   ② 점원
• elementary   ⑧ 초급의, 초등의
• option   ③ 선택할 수 있는 것, 옵션
• machine   ⑥ 기계
• heaven   ④ 하늘, 천국
• temple   ⑤ 신전, 사원, 절

B 1 fool   2 next
3 microwave   4 deaf
5 stress   6 below
7 office

Lesson 26   Check Up ················ p.91

A • theater   ① 극장, 영화관
• hero   ⑧ 영웅, 영웅처럼 존경하는 사람
• tail   ② 꼬리
• desert   ③ 사막
• diet   ④ 음식, 식사, 다이어트
• enough   ⑦ 충분한, 필요한 만큼의, 충분히
• clean   ⑤ 깨끗한, 깨끗하게 하다, 청소하다
• pour   ⑥ 붓다, 따르다

B 1 mean   2 beside
3 clever   4 oil
5 form   6 noon
7 rise

A
1 사무실, 회사
2 기계
3 극장, 영화관
4 석유, 기름
5 다음의, 그 다음에
6 깨끗한, 깨끗하게 하다, 청소하다
7 낮 12시, 정오
8 바보, 어리석은 사람
9 전자레인지
10 사막
11 붓다, 따르다
12 신전, 사원, 절

B
1 diet
2 option
3 deaf
4 check
5 form
6 enough
7 clerk
8 coach
9 Stress
10 mean

C 1 X 2 O 3 O 4 O 5 X

D
1 Check 확인하다, 점검하다
2 noon 낮 12시, 정오
3 beside ~의 옆에, 가까이에
4 clerk 점원
5 diet 음식, 식사, 다이어트
6 elementary 초급의, 초등의
7 Pour 붓다, 따르다
8 form 형태, 종류, 문서
9 heaven 하늘, 천국
10 rose 올라가다, 증가하다
11 option 선택할 수 있는 것, 옵션
12 clean 깨끗한, 깨끗하게 하다, 청소하다
13 temple 신전, 사원, 절
14 clever 영리한, 똑똑한
15 next 다음의, 그 다음에
16 hero 영웅, 영웅처럼 존경하는 사람
17 office 사무실, 회사
18 enough 충분한, 필요한 만큼의, 충분히
19 machine 기계
20 microwave 전자레인지
21 oil 석유, 기름
22 coach 코치, 지도자
23 tail 꼬리
24 mean 뜻하다, 의미하다, 의도하다, 못된
25 stress 스트레스
26 desert 사막
27 below ~보다 아래에, ~미만의
28 deaf 귀가 들리지 않는, 청각 장애가 있는
29 theater 극장, 영화관
30 fool 바보, 어리석은 사람

A
- taste ☐1 맛, 맛이 ~하다, 맛을 보다
- tradition ☐8 전통
- disease ☐7 병, 질병
- powder ☐3 가루, 분말
- climb ☐6 움직이다, 올라가다
- palace ☐5 궁, 궁전
- enter ☐2 들어가다
- north ☐4 북쪽

B
1 feed
2 several
3 free
4 clear
5 mention
6 history
7 bill

A
- knee ☐1 무릎
- old ☐4 나이가 든, 오래된, 낡은, 나이가 ~인
- clothes ☐2 옷
- moment ☐3 순간, 잠시, 잠깐
- example ☐8 예, 사례
- shelf ☐5 선반
- traffic ☐6 도로 위의 차량들, 교통
- honest ☐7 정직한, 솔직한

B
1 sheep
2 nothing
3 part
4 full
5 birth
6 close
7 each

A
1 여럿의, 몇몇의
2 전통
3 닫다, 가까운
4 옷
5 가득 찬
6 가루, 분말
7 맛, 맛이 ~하다, 맛을 보다
8 출생
9 무릎
10 선반
11 역사
12 무료로, 무료의, 자유로운

B
1 example
2 feed
3 palace
4 clear
5 moment
6 mention
7 sheep
8 Each
9 traffic
10 disease

C 1 X   2 X   3 O   4 O   5 O

D 1 clear 명확한, 분명한, 맑은
2 free 무료로, 무료의, 자유로운
3 mention 언급하다, 말하다
4 close 닫다, 가까운
5 tradition 전통
6 full 가득 찬
7 knee 무릎
8 several 여럿의, 몇몇의
9 sheep 양
10 history 역사
11 climb 움직이다, 올라가다
12 old 나이가 든, 오래된, 낡은, 나이가 ~인
13 bill 청구서, 계산서
14 birth 출생
15 disease 병, 질병
16 powder 가루, 분말
17 enter 들어가다
18 clothes 옷
19 shelf 선반
20 example 예, 사례
21 taste 맛, 맛이 ~하다, 맛을 보다
22 feed 먹이다, 먹을 것을 주다
23 honest 정직한, 솔직한
24 nothing 아무것도 (~않다)
25 part 부분, 부품
26 moment 순간, 잠시, 잠깐
27 Each 각각의
28 traffic 도로 위의 차량들, 교통
29 palace 궁, 궁전
30 north 북쪽

Lesson 29 Check Up .... p. 101

A • garden   ☐1 정원
• bite   ☐6 물다, 물어뜯다
• treat   ☐7 사람을 대하다, 사물을 다루다
• exercise   ☐5 운동, 연습
• thirsty   ☐2 목이 마른, 갈증이 난
• exchange   ☐8 바꾸다, 교환하다
• mushroom   ☐4 버섯
• lamp   ☐3 램프, 등

B 1 coin   2 support
3 only   4 pass
5 human   6 collect
7 soap

Lesson 30 Check Up .... p. 103

A • neighbor   ☐8 이웃
• text   ☐1 글, 본문
• exit   ☐6 출구
• blood   ☐3 피, 혈액
• hunt   ☐2 사냥하다
• then   ☐4 그때, 그 다음에
• tour   ☐5 여행, 관광, 견학
• empty   ☐7 비어 있는

B 1 college   2 company
3 until   4 meal
5 pay   6 get
7 out

Review .... pp. 104~105

A 1 정원   2 여행, 관광, 견학
3 글, 본문   4 버섯
5 운동, 연습   6 인간의, 인류의, 인간, 인류
7 비누   8 지불하다
9 식사   10 램프, 등
11 지지하다, 응원하다, 부양하다   12 사냥하다

B 1 collect   2 Only
3 blood   4 coin
5 neighbor   6 until
7 then   8 thirsty
9 exit   10 bite

C 1 O   2 O   3 X   4 O   5 X

D 1 text 글, 본문
2 then 그때, 그 다음에
3 support 지지하다, 응원하다, 부양하다
4 treat 사람을 대하다, 사물을 다루다
5 until ~까지
6 company 회사
7 college 대학
8 tour 여행, 관광, 견학
9 get 받다, 얻다
10 meal 식사
11 exit 출구
12 empty 비어 있는
13 mushroom 버섯
14 out 밖으로, 밖에
15 neighbor 이웃

16 hunt 사냥하다
17 exchange 바꾸다, 교환하다
18 coin 동전
19 collect 모으다, 수집하다
20 garden 정원
21 pay 지불하다
22 only 단지, 오직, 유일한
23 blood 피, 혈액
24 lamp 램프, 등
25 pass 지나가다, 건네 주다, 합격하다
26 thirsty 목이 마른, 갈증이 난
27 Human 인간의, 인류의, 인간, 인류
28 soap 비누
29 exercise 운동, 연습
30 bite 물다, 물어뜯다

누적 테스트 450 ⟩ ········· pp.106~109

A
1 낮은, 적은
2 동쪽
3 쪽, 옆, 측면
4 달력
5 운전하다
6 기대하다, 예상하다
7 잎, 나뭇잎
8 바꾸다, 바뀌다, 변화
9 ~에서 가까이, 가까이, 가까운
10 추가하다, 덧붙이다
11 확인하다, 점검하다
12 하늘, 천국
13 숲
14 꼬리
15 형태, 종류, 문서
16 붓다, 따르다
17 영리한, 똑똑한
18 병, 질병
19 조언, 충고
20 부분, 부품
21 동전
22 돌
23 비어 있는
24 ~까지
25 이웃

26 decide
27 pork
28 waste
29 habit
30 skin
31 cough
32 cross
33 dangerous
34 lose
35 south
36 beside
37 theater
38 office
39 middle
40 fail
41 weight
42 customer
43 old
44 agree
45 traffic
46 tour
47 pay
48 blood
49 gather
50 bend

B
1 subject
2 hide
3 chance
4 drop
5 different
6 clothes

7 sell
8 speed
9 call
10 pick
11 stay
12 next
13 care
14 enough
15 soldier
16 climb
17 several
18 close
19 exercise
20 human
21 pass
22 exchange
23 treat
24 north
25 early

C
1 fire
2 safe
3 hang
4 awake
5 floor
6 lend
7 during
8 Heat
9 clerk
10 deaf
11 options
12 clean
13 rising
14 mention
15 lake
16 full
17 then
18 soap
19 hold
20 knee
21 Each
22 exits
23 get
24 means
25 hunt

D
1 tasty 맛이 있는
2 expression 표현
3 stressful 스트레스가 많은
4 belief 믿음
5 collection 모음, 수집
6 surprisingly 뜻밖에도
7 honesty 정직함
8 foggy 안개가 낀
9 entrance 입장
10 traditional 전통적인
11 historical 역사의, 역사적인
12 movement 움직임
13 communication 의사소통
14 winner 우승자, 승리자
15 cheerful 힘이 나게 하는

INDEX

MEMO

중학 영단어 시리즈

VOCA 탄탄

1
입문

저자   Ronnie Kim

초판 1쇄 발행 2017년 10월 1일
초판 3쇄 발행 2023년 2월 21일

편집장   조미자
책임편집   최수경·류은정·김미경·정진희·권민정
표지디자인 디자인 섬
디자인   디자인 섬·임미영
인쇄   삼화 인쇄

펴낸이   정규도
펴낸곳   Happy House, an imprint of DARAKWON
주소   경기도 파주시 문발로 211 다락원 빌딩
전화   02-736-2031 (내선 250)
팩스   02-732-2037

ISBN 978-89-6653-543-9 53740

값 11,000원

구성 본책 + 워크북
무료 다운로드 Answers, Daily Test, MP3 파일 ㅣ **www.ihappyhouse.co.kr**
문제출제 프로그램 voca.ihappyhouse.co.kr